Ryszard Marek Groński

Nauka pływania dla topielców

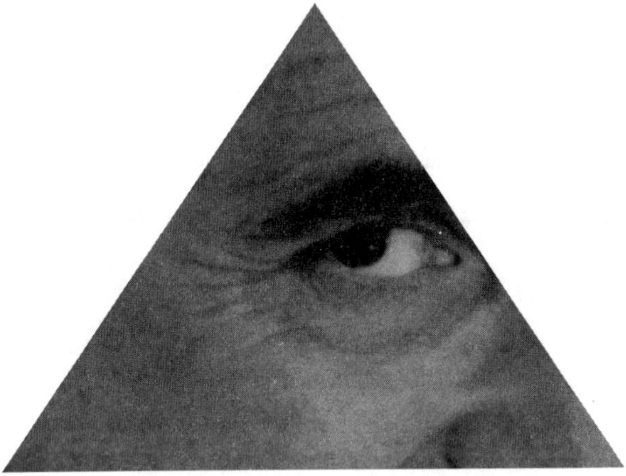

Wypisy z histerii najnowszej 1989-1998

Książka i Wiedza

Okładkę i strony tytułowe projektował
JERZY ROZWADOWSKI

Zdjęcie autora wykonała Elżbieta Lempp

Ilustracje
ANDRZEJ CZECZOT

Redaktor
KRYSTYNA GOLDBERGOWA

Redaktor techniczny
HANNA TODA

Wydanie pierwsze
Obj. ark. druk. 14
Druk i oprawa:
Wojskowa Drukarnia w Łodzi
Łódź, ul. Gdańska 130

Trzynaście tysięcy czterysta osiemdziesiąta ósma
publikacja „KiW"

ISBN 83-05-13048-7

Między Miłoszem a mordobiciem
Film się przewija. Nazwany życiem.

Trochę poezji. Więcej mordobić.
Złudzeń zbyt wiele. Mało pieniędzy.
Jeśli w tym życiu można coś zrobić,
To tylko – pomiędzy...

Rok 1989

Żegnamy dotychczasowy ustrój. Jeden z tygodników opublikował manifest „O Towarzystwo Byłych Ziemian". Czytamy w nim: „Czas już najwyższy, abyśmy podnieśli głowy, przypomnieli swój rodowód". Adresik Towarzystwa Byłych Ziemian: Gdańsk, ulica – Czerwonego Sztandaru.

Ballada podwórzowa

Dnia czwartego czerwca
Roku pamiętnego
Spadł premier Rakowski
Z konia wysokiego...

Nowy rząd się zawziął
Na nomenklaturę –
Kopią ją i kopią,
Ale już nie w górę.

Kiedyś była piękna,
Wspaniała, bogata.
Dzisiaj ani matki,
Ni sekuritata.

Pomniki zwalone,
Gmachy opuszczone,
Gdzie się teraz schroni,
Pod czyją obronę?

Płoną akta, płoną,
Płoną jak pochodnia.
Brakło jakoś wody
Do gaszenia ognia.

Ten przyzywa Boga,
Tamten drze papiery.
Co się hukną w piersi,
To dzwonią ordery...

4 czerwca – pierwsza tura wyborów parlamentarnych. Znana sprawa: odpowiadający za kampanię PZPR towarzysz Czarzasty apelował (jak przystało na partyjną Pytię), że należy zrobić wszystko, by mizerna „Solidarność" wprowadziła bodaj kilku posłów i senatorów. Po ogłoszeniu wyników towarzysz Cz. miał minę bohatera opowiastki Mrożka. O pracowniku stacji meteorologicznej. Właśnie gdy pisał do centrali, że zapowiada się piękna pogoda – trafił go piorun.

Punkt informacyjno-konsultacyjny „S" w Warszawie mieścił się w kawiarni Niespodzianka. Trzeba przyznać – nazwa dobrze dobrana.

W Elblągu najżarliwiej popierali kandydaturę Wojciecha Żukrowskiego na senatora klerycy z seminarium duchownego.

Przed Uniwersytetem Warszawskim rozsypano ulotki: „Kto naprawdę rządzi «Solidarnością»?". A więc: wnuk rabina i ukraiński rezun, morderca pięciuset tysięcy Polaków. Autorzy wydawanych systematycznie świstków nie muszą nic wymyślać. Wystarczy przepisywać to, co już dawniej sugerowali. Takie skwarki, proszę państwa, jaka gęś.

Uliczny sprzedawca książek

Prezydent bezpartyjny. A córeczka Monisia – asystent reżysera. Przy filmie w koprodukcji. Nazywa się ten film *Snowball* – kula śniegowa. Rodzinna skłonność do zimy, odkąd tatuś urządził nam zimowisko.

Interesują pana szczegóły? Polecam *Noc generała*. Siedzą gienerały w sztabie, podśpiewują: „Nasza jest noc i oprócz niej nie mamy niiiic"... Teraz mają: dwóch cywilnych wiceministrów w resorcie. Salutować do kapelusza? To tak, jak przyszyć lampasy do piżamy. Zgroza!... „O północy się zjawili, jacyś dwaj cywili"... Fałszuję? Ja fałszuję prywatnie. Publicznie fałszował kto inny. O, tu jest na ten temat: *Jak sfałszowano wybory w 47*. Lektura uzupełniająca – Światło: *Za kulisami partii i bezpieki*. Wtedy były jeszcze kulisy. I Światło. Po oczach.

To też ciekawska pozycja – autor Henryk Piecuch – *Rozmowy z Fejginem*. W pięćdziesiątym ten Piecuch na pewno by się przeziębił w kazamatach. I to nie on by pytał pułkownika Fejgina, tylko odwrotnie. Co pana obchodzi – pierwszy czy drugi obieg? Przed uniwersytetem studenci sprzedają rajstopy i mówią, że z drugiego obiegu... *Mała Apokalipsa*? Pani się myli. To nie jest o wprowadzeniu gospodarki rynkowej. O gospodarce jest Sachs, Friedmann i redaktor Kuśmierek w gumiakach... *Abecadło Kisiela*? O, Kisiel to jest firma. Tak jak w pączkach od Bliklego: dużo nadzienia, mało lukru. Wydają mu wszystko, jak leci. A był taki czas, że nawet gdy Kisiel komponował, to cenzurowali mu nuty i zamykali bemole na klucz. Wiolinowy.

Coś z historii najnowszej? Rekomenduję Torańską – *Oni*. Mogę to zareklamować do rymu, Bryllem. W *Onych* scena jest taka – Mołotow z Bermanem na Kremlu tańczą krakowiaka. Hop, dziś, dziś – i w prysiudy! A Stalin był, proszę pani, nie żaden brunet, lecz rudy... Bierze pani?

O Stalinie radziłbym poczytać. Pani młoda, pani nie pamięta: Stalin miał usta słodsze od malin, ale nie rwał się do całusków. Piszą o nim więcej niż wtedy, gdy był Słoneczkiem i Chorążym

Pokoju. Co za parada tytułów – *Stalin demon zbrodni i zła*, *Fenomen Stalina*, *Życie prywatne Stalina*, *Wróg towarzysza Stalina*, *Ludzie Stalina*... A takiej wzruszającej książeczki – *Soso* – nie wznawiają! Ja tam nie wiem, ale jeśli ci wszyscy autorzy tak o Stalinie myśleli wtedy, jak dziś piszą, trudno się dziwić, że generalissimus był podejrzliwy i nikomu nie wierzył. Na pani miejscu wybrałbym *Życie prywatne*... Naukowo dowiedzione: Stalin był niski, dziobaty i jedną rękę miał niesprawną. Chwała Bogu! Gdyby miał obie ręce sprawne, kto teraz robiłby pierestrojkę?

Przerwana dekada byłego I sekretarza? Dziś wszyscy sekretarze są byli. Wiem, o co panu chodzi: te wynurzenia idą jak woda. Śląska woda, co miała gruchotać kości. Oto bez mydła wielka przepierka: Janusz Rolicki spowiada Gierka! Odpowiedź da ci ten elaborat – czy Stacha miała doktorat? Dowie się gówniarz, dowie się starzec – jak Moczar z Kępą robili marzec! Obszerny wywód, a nie przypisek – Babiuch i Kania uknuli spisek! To przez nich spadła na Polskę bieda, bowiem zabrakło Wielkiego Eda!

Pan pyta, kto wydał Gierka? On mówi, że kumple z Biura. A w druku wydała go oficyna Fakt.

O Sybirze i zsyłkach? Jaki region panu bardziej odpowiada: Magadan czy Workuta? W Workucie niedawno strajkowali górnicy. Cały świat podziwiał ich odwagę. A cóż to za odwaga: dalej już nie można zesłać... Do Związku Sybiraków pan należy? Ja też nie byłem w tamtych stronach, ale się zapisałem. Profilaktycznie... Literatura emigracyjna? Mam: Cat, Wat, Odojewski, Zagajewski, Pankowski, Łobodowski, Herling, Mackiewicz, Meysztowicz, Raczyński, Barańczak, Miłosz, Miłosz, Miłosz, Miłosz, Fiut. Fiut rozmawia z Miłoszem.

Handel książkami to nie handel pietruszką. Czytać akurat nie trzeba. Za to musi się wiedzieć: Kto jest kim, hu is hu, kto był hu, a kto jeszcze większy, kto święta krowa, kto święta świnia. Orientacja konieczna, bo czasy ciężkie. Miała być Druga Polska. Jest Droga Polska. To co mi pozostało? Kultura! Pani minister z kitką, jeden wiceminister z podziemia, drugi wręcz przeciwnie – alpinista... *Kadencja*? To o literatach, nie o premierze. O premierze mam

Domarańczyka – *Sto dni Mazowieckiego*. Szybko wydane, bo poślizg na wazelinie.

Piłsudski profesora Garlickiego? Wyczerpane! Piłsudski wyczerpany, profesor wyczerpany: wszyscy na gwałt chcą dowiedzieć się o Dziadku czegoś ekstra. Całe biblioteki o nim piszą.

Czytałem... Nie pamiętam gdzie – jak to wezwał premiera Sławoja-Składkowskiego i ofiarował mu w prezencie samochód. – Ależ ja nie umiem prowadzić – bronił się Sławoj. – Od prowadzenia jestem ja sam – ruszył wąsiskami Piłsudski. – A premiera mam po to, żeby naciskał na klakson i trąbił!

19 lipca – Wojciech Jaruzelski prezydentem. Opowiadano, że genarał Pinochet wysłał do niego depeszę: Wojtek, oddaj ciemne okulary!

„Trybuna Ludu" poleca czytelnikom *Słownik Polskich Teologów Katolickich*. Z twardym grzbietem?

W Łazienkach nad stawem były cenzor przywabia łabędzia. Po czym woła: – Ja cię skreślam!... Ciężko dziś – przyzwyczajonemu.

Premierem zostaje Tadeusz Mazowiecki. Lech Wałęsa tak o nim opowiada: – Sam dla was załatwiłem premiera... I tak jak wy weszliście na moim i jego grzbiecie do parlamentu, żebyście z kolei jemu pomogli wejść na najwyższy stopień władzy. Tego oczekuję i tego żądam... Dokonałem wyboru za was, za to, że wy nie potrafiliście. Nie miejcie do mnie pretensji, że mnie w pojedynkę udało się to, co nie udało się wam dwustu sześćdziesięciu.

Czy figurka Piłsudskiego na biurku sprawia, że rozwalony za biurkiem jest Piłsudskim?

12 września – pierwszy rząd solidarnościowy. Mazowiecki mdleje, wygłaszając exposé. W osiem lat później, w podobnej sytuacji, omdlewa premier Buzek.

Monolog żony posła

(wykonywała Hanka Bielicka)

Do głowy mi nie przyszło, że z mojego Bunia taki polityk! Metternich, Talleyrand, Geremek czy jeszcze co większego. Kiedy Talleyrand umarł, Metternich zapytał: – Ciekawe, dlaczego on to zrobił? – To jest właśnie postawa godna polityka: nie ufać i przewidywać. Bunio przewidział. Pamiętam, jadł pierogi z jagodami. Nagle zamyślił się: – Trzeba przestawić się na nowe tory – powiedział. – Już nie na szerokie tory – powiedział. – Na wąskie, za to nasze. – Kiedy po tych torach przejechał express Gdańsk–Warszawa z postojem w Magdalence, kto załapał się na siedzące miejsce, dla palących, przy oknie? Mój Bunio, za którego nikt by nie dał trzech groszy, gdy jeszcze te trzy grosze były warte trzy tysiące. Bunia wybrali. Prawda, w drugiej turze, bo kandydował bez pamiątkowej fotografii z Wałęsą, ale przeszedł jak burza. Obudziłam go w nocy. – Czy ty mogłeś o tym marzyć, chamie, że będziesz sypiał z żoną posła?

Nie zrozumiał. Przewrócił się na prawy bok (teraz prawy bok lepiej widziany) i zasnął. Rano pojechał na sesję. Dawniej w repertuarze była tylko jedna sztuka: *Odprawa posłów greckich*. Robili im odprawę i potem każdy udawał Greka. Dzisiaj nawet geografia kompletnie się zmieniła. Czy myśmy wiedzieli, że graniczymy z Litwą? Stary Budrys Landsbergis pod burką coś chowa... Pewnie Sajudis.

Żony parlamentarzystów są za transmisjami telewizyjnymi z obrad! Pokażcie mi żonę, która nie woli oglądać męża awanturującego się poza domem. Niech się ciska, niech rozwala RSW, MSW, Igloopol. Zawsze to lepiej, niż gdyby miał się pieklić, że krupnik przypalony i kość bez tuku. A skąd ja mu wezmę tuk? Komuna wyssała!

Transmisje z obrad to forma społecznej kontroli. Zauważyłam: Bunio coś zanadto klei się do posłanki z lewicy, brunety, z atutami, elokwentnej do przesady. Zaraz zamówiłam rozmowę z przywołaniem: – Od jutra masz siedzieć koło pani redaktor Ziuty Henelowej! Szepnę słówko, to poseł Łopuszański osobiście weźmie cię do galopu!

-Najpierw wystaw swojego kandydata...

Sejm... Byłam, widziałam. Bunio pokazał mi, gdzie pracuje. Mówię „pracuje", bo zwolnił się z roboty i teraz płacą mu za to, że jest zawodowym politykiem. A kto u nas chce być amatorem? Siedziałam na galerii. Z góry lepiej widać: posłowie siedzą w ławach. Ten się kręci, tamten gada, ów czyta „Gazetę Wyborczą", paru ziewa, kilku drzemie. A marszałek Kozakiewicz wśród nich jak jaki Ojciec Zadrzemionych.

Dwie izby, dwóch marszałków. Tańcowały dwa marszały – jeden duży, drugi mały. Jak ten duży szkieł swych szukał, to ten mały się zacukał... Oprócz marszałków parlament ma także księdza kapelana. Podobno na wniosek socjaldemokracji. Śpieszno im do spowiedzi, jawnogrzesznikom! Nareszcie pojęłam, dlaczego Bunio pożyczył śpiewnik od organisty i zamykał się w gabinecie na długie godziny. Ćwiczył pieśni na różne okazje! Przewidujący jak zawsze: bezbożnik czy, jak mu tam, ateista kariery dzisiaj nie zrobi.

Wychodziliśmy z sejmu, na podjeździe zobaczyłam ministra. Pierwszy minister w życiu – na żywo i w kolorze. Wysiadł z samochodu, trzasnął drzwiami i splunął. – Brzydzi go lancia – wyjaśnił Bunio. – Te limuzyny załatwiła sobie poprzednia ekipa. Komfort jazdy, dyskomfort psychiczny. Strasznie cierpią nasi ministrowie. Gdyby nie pasy i chłopcy z BOR-u, pewnie powyskakiwaliby w biegu. Nie mają oni lekko. Pojadą odetchnąć do Arłamowa czy innego Łańska. Przypomną sobie, kto tam bywał – o relaksie nie ma mowy. Serce wali jak młot pneumatyczny. Powloką się z tym chorym sercem do lecznicy na Hożą – na korytarzach upiory przeszłości w piżamach, widma minionej epoki w szlafrokach... Ani jeździć, ani wypoczywać, ani chorować – tylko rządź i rządź. Cholery można dostać.

Co najwięcej spodobało mi się w sejmie? Kantor. Bo oni tam mają kantor. Poseł odbiera diety, wymienia w kantorze na zielone i czuje się jak prawdziwy kongresmen z Waszyngtonu za zamkniętymi drzwiami, bo kongresmeni biorą w dolarach. Gdzie to ja znalazłam ten cytat... W *Dziadach*, tak to jest w *Dziadach*: „Słyszysz, jak duch trzy razy stuknął w swój kantorek, są prawdy, które mędrzec mówi tylko w domu"...

Wieszcz wszystko wyprorokował. Wywieszczył, co będzie: dziady, kantor i to, że nas stukną.

Reformy Balcerowicza. Na Myśliwieckiej, przed radiem, stadko kur. Hodowanych przez zapobiegliwy personel. Kury jak to kury – grzebią. Co one tak grzebią? Pewnie realny soc.

Ogłoszenie z „Życia Warszawy": „Fundacja Widzieć Muzykę poleca spodnie firm Chiori i Sqezze".

Spodnie dają nam wtedy, kiedy już nie mamy tyłka – powiadał Brecht.

Satyrycy, kabareciarze, estradowcy opowiadają się za kneblem. Czekoladowym, bo słodszy. „Nie należy robić dowcipów na temat naszych oddziałów idących do ataku" – Jacek Fedorowicz. „My zakładamy (mówię za siebie i za kolegów), że obecnej ekipie należy się duży kredyt zaufania, należy nawet chuchać na nią, żeby się utrzymała" – Jan Kaczmarek.

Jedynie Andrzej Seweryn widzi to inaczej. Z paryskiej perspektywy: „I bardzo proszę, żeby w Polsce zaczęto kpić z różnych solidarnościowych wodzów, których ubóstwiam, których kocham, ale z których chciałbym się śmiać...".

Seweryn nie przekonał p.o. Stańczyków. Znowu w poszukiwaniu dworu. Na koncercie w Filharmonii – „Artyści – Rzeczpospolitej" – notoryczny balladzista wyznał (do rymu), że na widok gabinetu Mazowieckiego osiwiał ze szczęścia.

Przed sejmem pikieta WiP-u. Ugrupowania, które niebawem stało się dostawcą kadr dla UOP-u. Transparent: „Służba zastępcza – polskim gułagiem". Z pikieciarzami rozmawiali – marszałek sejmu, minister, generał. Nie zjawił się nikt ze Związku Sybiraków, by im wyjaśnić, że porównanie służby zastępczej z gułagiem jest chyba zbyt ambitne.

Na Woronicza prezes Andrzej Drawicz zapowiedział: nie będzie czystek! Zaczęły się powroty na ekran. Każdy z powróconych cudem na telewizji łono podkreśla, od ilu prezesów nie było go na wizji.

Moda: artystki pokazują się na imprezach w asyście spowiedników. Patrząc na spobożniałe ślicznoty, łatwo dojść do wniosku, że dla osób duchownych jest to sytuacja luksusowa: bywają na salonach, ale o grzesznej pokusie nie ma mowy.

Wali się mur berliński, zachodzi w Rumunii Słońce Karpat, aksamit rewolucji w Czechach. 30 listopada kończy obrady XI Zjazd PZPR. Pada komenda: „Sztandar wyprowadzić!". Sztandar wyprowadzono gładko. A spróbowałby ktoś wyprowadzić z Kongresowej – gdzie to się działo – konferansjera Kydryńskiego!

Biały Dom – w którym rzadko, bo rzadko, ale mówiono o *Kapitale* – staje się siedzibą giełdy. Korytarzami niesie się jęk: Kochaj bliźniego, dotąd partyjnego!

Z buszu

A kiedy już naprawdę zdechł
I przestał budzić strach,
A gdy ostatni wydał dech
I zarył głową w piach –

Zjawili się myśliwi
Przejęci i szczęśliwi...
– Panowie! – rzekł myśliwych szef –
Sztucery w dłoń! To przecież Lew.

Polowania na martwego Lwa
Zawsze są udane.

Polowania na martwego Lwa –
Gra bez niespodzianek.
Wiatr niesie huk wystrzałów.
– Znów dostał krwawy zbój!
Pojedziemy na łów, na łów,
Towarzyszu mój...

Gdy mówią mi: za tropem idź!
To pójdę. Swoje wiem,
Że lepiej żywym lisem być
Niż powalonym Lwem.

Myśliwi są szczęśliwi –
Nic Lwa już nie ożywi.
Rozkładu im niestraszna woń.
Na prawo patrz! Sztucery w dłoń:
Ognia! Feuer! Agoń!

Polowania na martwego Lwa
Zawsze są udane.
Polowania na martwego Lwa –
Gra bez niespodzianek.
Lwia część jest do podziału.
Lwi pazur zdobi strój...
Pojedziemy na łów, na łów,
Towarzyszu mój!

Pióropusze pychy zwycięzców.

Nastroje weimarskie: Coraz częściej na ulicy prośba o papierosa. Coraz rojniej przy pojemnikach ze śmieciami. Człowiek z tłumu nie zagląda do przebudowanej kawiarni. Nie docenia uroku francuskiej restauracji. Patrzy przez szybę na tamtych – pogodnych, zrelaksowanych, omawiających biznesy. Mało trzeba, by szyba prysnęła, a człowiek z ulicy zechciał tam wejść. Jako ten, który zrobi porządek. Zaprowadzi rządy silnej ręki. Bo tak już jest, że silnych rąk zawsze więcej niż głów. Na tych nastrojach gra Wałęsa. Jak to pisał weimarski satyryk Kurt Tucholsky: „A może my wcale nie żyjemy w republice, tylko w monarchii, której władca wyszedł na chwilę...".

Prymas Glemp w roli językoznawcy:

Wzbogacił ksiądz prymas słownik
O nowy termin: Domownik.
Domownik po domu się krząta.
To dawna kolumna – piąta.
Pamiętaj, snobie i snobko:
Domownik – pisz przez Ż (z kropką)!

Rzecznik prasowy rządu, Małgorzata Niezabitowska, opowiada w „Wyborczej", że nigdy nie widziała Jerzego Urbana. Nie obejrzała także żadnej z jego konferencji prasowych. Los okazał się niełaskawy dla Urbana. On, niestety, oglądał konferencje Małgorzaty N.

Zmieniają się nazwy ulic. Życiorysy też masowo idą do wymiany.

Życiorys

(wykonywał Roman Kłosowski)

Miałem jedno życie... Gadanie. Tak może napisać Francuz, obywatel księstwa Monako, hrabia Luksemburg. U nas jedno życie nie wystarczy. Mowy nie ma. Żyj i pozwól żyć innym... Akurat! A czy ci inni pozwolą żyć mnie?

Zarysowała się możliwość objęcia przeze mnie pewnego stanowiska. Nie chcę mówić, jakiego. Żeby nie zapeszyć. Odstukam w nie malowane. Ale gdzie to nie malowane? Teraz wszystko przemalowane. W tej dużej sali, no tej, gdzie zapowiadano wiele rzeczy, jak zaczęli przemalowywać się wieczorem, do rana nie skończyli. Ten coś chlapnął, tamten coś chlapnął.

Taaak. Wezwali mnie i powiedzieli: – Proszę napisać życiorys. Dawniej nie miałem z tym kłopotów. Raz napisałem, zachowałem kopię, przepisywałem trochę aktualizując. Życiorys dzisiaj? Ryzykowne. Za czerwonego były haki w życiorysie. Osadzane w zbrojonym betonie. Czy oni teraz mają haki? Beton mają, dorobili się. Jak ktoś będzie miał haka, dokąd pójdzie? Chyba do telewizji. Podobno w studiach zainstalowano konfesjonały. Trzeba było wzmocnić podłogę – z takim impetem redaktorzy rzucali się na kolana. Komisja ustalała, kto zgrzeszył. Otworzyli magazyn kostiumów – sprawdzali, na kim mundur dobrze leży. Jeden dyrektor tak się wystraszył, że wezwał egzorcystę i prosił, żeby wykadzić gabinet. Po nim samym!

Odwlekam chwilę, kiedy zostanę sam na sam z kartką papieru. Człowiek rodzi się jako nie zapisana karta... A potem co? Bazgroły, kulfony, kleksy, uwagi robione przez wychowawców. Dawniej w ankietach był obowiązkowo punkt: czy ktoś w rodzinie był granatowym policjantem? Jeśli był, no to koniec. Teraz odpowiedź twierdząca jest zapowiedzią kariery. Można zostać przodownikiem, nawet komisarzem... Nie o takich komisarzach marzyli ci, co tak długo kładli podwaliny, aż wyłożyli się sami. Przodownicy, komisarze... Policja! Ratunku!

Tu, o, położę dotychczasową wersję życiorysu. Dla pamięci. Trzeba pamiętać, o czym zapomnieć.

W imię Boże! (żegna się).

Urodziłem się...

Urodziłem się, bo moi rodzice opowiadali się za obroną życia poczętego. Byli anty. Antyantykoncepcja.

Urodziłem się we wsi Pazoły. Matka Genowefa należała do koła gospodyń wiejskich...

Wróć! Należała do kółka różańcowego.

Ojciec Franciszek był małorolnym...

Ojciec był właścicielem ziemskim. Pieczętował się herbem. Trzymał klucz włości. Pod słomianką...

Herb sprawdzę w Paprockim. Sprawdzę... A jeżeli oni zaczną sprawdzać, gdzie ten majątek, gdzie te włości?

Majątek nasz leżał na grabieżach Rzeczypospolitej. Po wkroczeniu Sowietów rodzice uciekli z łap NKWD – wpław przez Bug, chociaż nie umieli pływać. Schroniliśmy się we wspomnianej wsi Pazoły, gdzie diabeł mówił dobranoc. Kiedy przyszli czerwoni, to już nic nie mówił. Szczękał zębami. Ze strachu. Dopóki jeszcze miał zęby...

Ojciec i matka działali w ruchu ludowym. O, to nie było łatwe mieć Mikołajczyka w sercu, a legitymację ZSL-u w kieszeni.

Kiedy reżym pędził chłopów do kołchozów – ojciec mój nie ugiął się. Stanął jak Konrad Wallenrod na czele spółdzielni Jutrzenka Nowego. Doprowadzając ją do ruiny.

W szkole uczyłem się bardzo dobrze...

W szkole, o ile to gniazdo indoktrynacji można nazwać szkołą, uczyłem się źle...

Szczególnie historii i wychowania obywatelskiego...

Zostałem wytypowany na studia do Moskwy...

Wywieziono mnie do Moskwy kibitką przyjaźni.

Studiowałem na Uniwersytecie im. Łomonosowa ekonomię polityczną...

Na uniwersytecie niejakiego Łomonosowa zmuszono mnie do studiowania tak zwanej ekonomii politycznej...

Socjalizmu...

Socjalizmu?

Broniłem się przed tym skutecznie...

Obroniłem pracę doktorską...

W katedrze zająłem miejsce sekretarza POP...

W katedrze zająłem miejsce obok sekretarza kurii biskupiej.

Brałem udział w licznych konferencjach...

Brałem udział w licznych rekolekcjach.

Władze nie skąpiły mi dowodów...

Władze nie skąpiły mi szykan...

W postaci nagród, medali, odznaczeń, wyjazdów służbowych...

Wykorzystując moje kwalifikacje...

-Zachciało się komuchom kapitalizmu...
mleczko

Wykorzystując mnie bezlitośnie.
Władzy ludowej zawdzięczam...
Totalitarnemu reżymowi mam do zawdzięczenia...
Zmarnowane życie –
Złamaną karierę –
To jeszcze bym im darował.
Ale że 13 grudnia nie zostałem internowany – tego pieprzonym komuchom nigdy nie wybaczę!

Rok 1990

– Czy z tego peronu odjeżdża pociąg do Europy?
– Oczywiście.
– Jak często?
– Codziennie.
– Przepraszam, we czwartek też?

Tytuł z „Życia Warszawy": „Biedniejemy planowo".

Wymaganie pracodawcy: płynna nieznajomość rosyjskiego.

Podczas debaty w senacie nad ustawą o godle RP Tadeusz Ulma domagał się wyposażenia orła w krzyż. Z przemowy senatora: – W obrębie rasy aryjskiej istnieje tylko jeden jedyny naród, który wierzy w wyższość idei moralnych. Jest to naród polski.

Rzewnie się robi, tkliwie, przedwojennie. Właśnie wtedy Lec napisał fraszkę:

U nich zwykle honor Arjów
Zależy od honorariów.

Były Człowiek kupuje „Tygodnik Solidarność", „Tygodnik Gdański", „Solidarność Rolników". Pytany o przyczynę podobnych pasji czytelniczych, wyjaśnia:

– Wezmę do ręki „Trybunę" – zgroza! Kłopoty finansowe socjaldemokracji, pozbywanie się lokali, nagonki, kłótnie o przeszłość. A przerzucę „Tysola" – nomenklatura to potęga, nadal władza w naszych łapach, ubecja trzyma się mocno, spółki i banki obsadzone przez komuchów... Panie, kto by nie chciał z samego rana poprawić sobie samopoczucia!

Strachy polskie

A kiedy rozum śpi,
O szyby wiatr łomoce,
Wchodzimy w wasze sny
I narodowe noce –

Polskie Strachy,
Polskie Lęki,
Ciemnej wiary
Mocny zrąb.
Od szczękania
Bolą szczęki,
Gdy podzwania
Ząb o ząb...

Mrok budzi echa słów
I słychać szept w sypialni:
Jesteśmy przy was znów
Konkretni. I realni –

Mason knuje,
Cygan kradnie,
Żyd do macy
Łaknie krwi.
Strach się czai
W sercu na dnie.
Licho nie śpi.
Rozum śpi.

Pęknięte lustro dni
I noc jak czarna ściana.
A kiedy rozum śpi,
Głupota myśli za nas –

Szwab – oszwabi,
Ruski – obje,
Ukrainiec
Ostrzy nóż...
Polskie Strachy,
Lęki, fobie –
Na prowincji
Drżących dusz.

Piwnica pod Baranami zamierza wystąpić w Warszawie, koniecznie w byłej stołówce byłego Domu Partii. Jakaś racja w tym jest. Piwniczanie od lat marzyli o programie – *Od ck do KC*!.

Moda: przeprosiny.

SdRP przeprasza za PZPR. Przeprasza za Bieruta, Gomułkę, Gierka. Przeprasza za całokształt i przyrzeka poprawę. Zapewnia jak w balladzie Wieszcza: „Ach, bierzcie wozy, ach bierzcie dostatek, tylko puszczajcie nas...".

Unia Socjaldemokratyczna (fiszbachowcy) przeprasza za SdRP. Przeprasza, że żyje. I odpuszczenia grzechów pragnie dostąpić w św. Brygidzie.

Senat przeprasza za marzec 68.

Prezydent przeprasza za grudzień 70.

Premier przeprasza emigrację za to, co o niej mówiono i pisano.

Krajowi wydawcy przepraszają redaktora Giedroycia za niedocenianie zasług „Kultury".

Sejm przeprasza narody czeski i słowacki za udział w inwazji w 68.

Literaci zrzeszeni w tak zwanym Zlepie przepraszają kolegów ze Stowarzyszenia Pisarzy Polskich za przejęcie majątku ZLP w stanie wojennym.

Samorządne związki funkcjonariuszy MO przepraszają za niedemokratyczny sposób bicia.

TV przeprasza tych, którzy nie przeszli weryfikacji w stanie wojennym. Zapraszając ich do powrotu.

PKP przeprasza (przez megafon) za opóźnienia pociągów.

Nieświęci przepraszają garnki za to, że je lepili.

Słowem –

Odkąd stajnia Augiasza
Już nie cudza, lecz nasza,
Wywieszono tablicę,
Że za wszystko przeprasza.

Po publikacji wspomnień Gierka dwóch pisarzy zapowiedziało wytoczenie mu procesu. Żukrowski chce skarżyć Edwarda G. o 20 milionów odszkodowania. Bartelski o 10 milionów. O co poszło? Bartelski domaga się sprostowania: otóż generał Moczar nigdy do niego się nie uśmiechał.

Wypadek Żukrowskiego ciekawszy. Gierek posądził go o autorstwo *Barw walki* – dzieła życia generała. Tymczasem *Barwy* napisał, cholera wie, kto. Pewnie Gal Anonim. Wojciech Żukrowski był jedynie autorem scenariusza do filmu. Wysnutego z wspominków wodza partyzantów. Napisał ten scenariusz, bowiem „zdecydowała możliwość pokazania, że AK w latach okupacji nie stała z bronią u nogi, jak starano się wpajać młodym pokoleniom"... Okazało się więc, że Moczar też był w AK. Dlatego później, kierując łódzkim UB, usilnie starał się o kontakt z akowcami.

W Belwederze zagnieździły się myszy. Jak za Popiela. Nie zrażony tym Lech Wałęsa zapowiedział, że pragnie zostać prezydentem. Wałęsa uczynił to wyznanie 10 kwietnia. Odtąd, aż do grudnia, trwała wojna na górze. Najaktywniejsi po stronie Lecha W. byli bracia Kaczyńscy. Powiadano:

Nie matura, lecz bliźnięta
Zrobią z ciebie prezydenta.

Nieźle spisywał się Piotr Wierzbicki. Autor panegiryku, sławiącego charyzmatycznego przywódcę. Dziś jeszcze można dostać tę książeczkę na przecenie. Ile by się za nią dało, zawsze się przepłaci.

Coraz więcej pasażerów, którzy zabrali się pociągiem zdążającym od stacji Martyrologia do stacji Nasz Dom. Artystka estradowa opowiada, że siepacze z Rakowieckiej przymuszali ją do występów na festiwalu w Kołobrzegu. Może całą tę wesołą gromadkę, popisującą się na estradzie, trzymano pod kulomiotami? A widownia również składała się z zaszantażowanych? Kołysali się ze strachu i spanikowani bili brawa ulubieńcom generałów.

Lecha Wałęsę – sądząc z uporczywego powracania do tej kwestii – zabolało wytknięcie mu, że nie dość reprezentacyjny i nie posługuje się literacką polszczyzną. Łatwo temu zaradzić. Wystarczy kilka sesji szkoleniowych. Zobaczymy, kto kogo nauczy. Może zdarzyć się tak, że po wyjściu z chatki przy ulicy Polanki subtelny profesor błyśnie sygnetem i zagada: – Czeba ratować Polskie. Nie tylko w temacie prezydenta. W każdym temacie...

Ciąg dalszy konspiry: Maria Teresa Kiszczak – w tajemnicy przed mężem – pisze list do redaktora Giedroycia. O swoim mężu mówi, że to „najprzystojniejszy minister". A teraz meritum sprawy: „...pierwszy skok przez płot Lecha Wałęsy oraz drugi «skok przez płot», przez «betonowy mur» Czesława Kiszczaka stanowią jak gdyby klamrę, zamykającą pewną formację społeczno-ekonomiczną, pewien etap historii ludzkości...".

Podobno redaktor „Kultury" z lękiem oczekuje wizyt listonosza. Co to będzie, gdy zasiądą do pisania listów żony i przyjaciółki innych prominentów? Listów będzie wiele, bo też byli oni kochani do szaleństwa.

Wojna na górze: pierwsze ofiary. Mowa o tym w *Krótkiej rozprawie między trzeba osobami: Panem, Wujcem i Plebanem.*

PAN	Miły Wujcu, cóż się dzieje?
WUJEC	Lechu z funkcji mnie wyleje!
PLEBAN	Mnie też z Lechem kiepsko idzie,
	Nie spowiada się w Brygidzie.
WUJEC	Jaki grzech mam na sumieniu?
PAN	Nie słuchałeś się mnie, Heniu.
	Czuj się, Heniu – odwołany...
PLEBAN	Lech przyspiesza.
PAN	Czas na zmiany!
	Michnikowi wezmę znaczek
	I uciszę chóry płaczek.
	Idę. Z Centrum brzmi pobudka.
WUJEC	Co z rozprawą?
PAN	Będzie krótka!
	Znacznie krótsza niż u Reja.
PLEBAN	A co złego...
PAN	To też nie ja!

Powielacz

(Sceneria z filmu kryminalnego. Półmrok. I – w płaszczu z podniesionym kołnierzem pali papierosa. Kroki. Zjawia się II niosąc sporych rozmiarów torbę).

I Już się bałem, że nie przyjdziesz.

II Musiałem mieć pewność, że nie ciągnę za sobą ogona. Lepiej, żeby nie widziano nas razem.

I No tak, oczywiście. Z nimi nie ma żartów.

II Chciałeś powiedzieć: z nami.

I Wszystko się poplątało. A już najbardziej te nasze wspólne korzenie... Przyniosłeś?

II Obiecałem przecież.

(Otwiera zamek błyskawiczny. Z torby wyciąga powielacz).

I Wspaniale.

II Stary typ. Zabytek muzealny właściwie.

I Poznaję. Przerobiony z maglownicy. Że też chciało ci się go zadołować, kiedy wychodziliśmy na powierzchnię.

II Coś mnie, cholera, tknęło.

I Prosty w obsłudze. Niezawodny.

II Z tym to przesada. Na początek wystarczy... Pamiętasz, jak trzaskaliśmy ulotki w tej piwniczce w Wesołej?...

I Po co wspominać. Było, przeszło.

II Ale to nasza młodość. Nasz etos. Janek był wtedy z nami...

I Nie wspominaj mi o tym draniu! Zwolnił Halinę. Mało, że ją wylał z ministerstwa. Jeszcze pouczył na odchodnym, że nie będzie współpracował z wtykami z Unii.

II Janek był zawsze psychiczny.

I Ale zwolnić Halinę? Naszą Halinę?

II Waszą, bo nasza to już ona nie jest.

I Powiedz: Co się stało? Gdzie my jesteśmy?

II My? Mów za siebie. Kiepsko pograłeś. Na diabła ci były te lewicowe szusy.

I Jakie lewicowe szusy? Co ty wygadujesz.

II Staszek nie może ci tego zapomnieć.

I Staszek? A kto był w pezetpeerii? On czy ja?

II Grzebanie w życiorysach? To nie w twoim stylu. Staszek, cóż – był partyjny, ale otrząsnął się z tego.

I Dziesięć lat się otrząsał?

II Już zapomniałeś, jak organizował kolportaż naszego tygodnika?...

I Waszego! Ja nie czuję z nim związku.

II Jacek podejrzewał od dawna: lawirant z ciebie.

I I za to lawiranctwo przesiedziałem się, było nie było...

II Kochany, mnie na kombatanctwo nie weźmiesz. Nikt nie chce słuchać o tiurmach, kaźniach, internach. Teraz, wybacz, liczą się nie lata odsiadki, lecz władza. I my tej władzy nie wypuścimy z rąk.

I Już gdzieś to słyszałem... Powiedz: Dlaczego wykopaliście Pawła? Szajbus, bo szajbus. Za to o bezbłędnym instynkcie moralnym.

II Wypisywał niesłychane rzeczy. To się nie podobało. Wiesz, jaki Brykiet jest drażliwy. Świstak go podpuścił, Tchórzofretka też się dołożył... Nie dało się tego odkręcić.

I Pamiętam Pawła z Radomia. Kiedy go brali, wołał do przechodniów, żeby zaalarmowali korespondentów zagranicznych.

II Niech alarmuje korespondentów. Z Korei Północnej. Chyba tylko ich by to dzisiaj obeszło... Inna epoka.

I Inny etap.

II Niech ci będzie, ironisto. Paweł to oszołom. Zagubił się.

I Łatwo przekreślasz ludzi.

II Jesteś w mylnym błędzie. Pamiętasz, kto tak mówił?

I Karol. Szkoda, że nie jest z nami.

II Z nami też nie jest. Wycofał się w prywatność. Różnie to się przełamało w ludziach...

I Co się przełamało?

II No... Nasze zwycięstwo... Dwa palce złożone w znak V.

I Zachowujesz się wspaniale, że chcesz nam pomóc.

II Nie wam – tobie. Znamy się... Nieważne. To znaczy ważne. Dla mnie dalej ważne... Może cię podrzucić?

I A wiesz, że chętnie skorzystam. Do domu mam kawał drogi.

II Psiakrew... Zapomniałem: mój obecny kierowca jest twoim byłym kierowcą. Sam rozumiesz. Nawiasem mówiąc – nie mam do niego za grosz zaufania.

I Ja też nie miałem. Myślałem, że kabluje dla was.

II Nic mi o tym nie wiadomo. Ale mnie nie o wszystkim informują.

I A myślisz, że mnie informowali?

II No nic. Spadam. Pozdrów Halinę. I bawcie się dobrze. Konspira wciąga. zresztą po co ja ci to...

I Konspira... Gdyby mi ktoś powiedział, że będą nas mieli na oku ci sami faceci co wtedy...

II Nie ci sami! Wymieniliśmy kadrę... Może trochę podobni.

I Trochę? Ubek w ubek!

(II oddala się. I stoi z powielaczem.
Chowa go do torby. II wraca).

II Zapomniałem o najważniejszym. Słuchaj... Różnie w życiu bywa. Gdyby coś... Pamiętaj...
I O czym mam pamiętać?
II Gdyby coś... Sam rozumiesz... Wtedy oddaj powielacz. Może być nam znowu potrzebny.

4 lipca na ścianie domu w alei Róż odsłonięta została tablica poświęcona Antoniemu Słonimskiemu. Tutaj mieszkał. Pamięć uczestników uroczystości otwierała drzwi domu poety, meblowała wnętrze. I znowu za szkłem szafy bibliotecznej czuwał francuski grenadier; lampę osłaniał szal, rzucony dłonią pani Janki, sam zaś gospodarz wyszukiwał wśród książek tomik wierszy Broniewskiego ocalały z katastrofy w Gibraltarze i pokazywał dedykację: „Antoniemu Słonimskiemu przyjaźń i braterstwo. 25.VI.43.".

Koszmarny sen profesora Geremka: trzech braci Kaczyńskich!

W „Tygodniku Solidarność" ukazało się oświadczenie Komitetu Organizacyjnego Przełomu Narodowego. Powód wydania oświadczenia: na dworcu w Katowicach policjanci (stupajki ministra Kozłowskiego) zatrzymali pięciu działaczy Przełomu Narodowego z Kłodzka. Pod zarzutem, że są faszystami. O czym miały świadczyć mieczyki Chrobrego wpięte w kurtki.

Mieczyki Chrobrego, jak powszechnie wiadomo, z faszyzmem czy – nie daj, Boże – totalitaryzmem nijak się nie kojarzą. To po prostu nawiązanie do tradycji młodzieżowej. Faceci z mieczykami w II RP jeśli nawet rzucali bomby w 1-majowe pochody, to z gazem rozweselającym. Jeśli pojawiali się w okolicy uniwersytetów, to po to, by pomóc koleżankom i kolegom w zajęciu miejsca – po właściwej stronie. A gdy któryś z dziarskich młodzieńców miał laskę, to po to, by wbijać do głów zasady miłości bliźniego. Że niejedna głowa tego nie wytrzymała, czy to wina nauczycieli?

Ławeczka

(I siedzi na ławce. Podchodzi II).

II	Można?
I	Przecież pan już siedzi. Gdybym powiedział: nie, nie można, pan by wstał?
II	Wykluczone.
I	To po co pytać?
II	A formy towarzyskie, a grzeczność...
I	Ja tę gazetę już czytałem.
II	Jaką gazetę?
I	Tę, na której pan usiadł.
II	Nie zauważyłem, przepraszam.
I	A gdyby pan zauważył?
II	Też bym usiadł. Nogi mnie bolą.
	(Milczenie).
II	Musi pan tak syczeć?
I	To nie ja syczę. To łabędź. Kupiłem bułkę. Podrobiłem. Rzuciłem. Odwrócił się kuprem. I syczy. Inna rzecz, że te bułki dzisiaj. Chała nie bułki.
II	Chała... Ona była żółciutka, miękka, a przy tym wypieczona. A takie bajgełe. Stała Żydówka z koszem i wołała: Bajgełe! Bajgełe!
I	Ani kosza, ani Żydówki. Zebrało się panu na wspominki.
II	Po to przyjechałem. Nie żeby się rozejrzeć – żeby powspominać. Rozejrzeć się to ja mogę u siebie. Brooklyn, może pan słyszał. Bardzo elegancka dzielnica. Nie ma dnia, żeby nie mówiono o niej w telewizji.
I	Tak myślałem: turysta. Przyjechał pan – gnany nostalgią.
II	Nie, nie, przez ostatnie pięćdziesiąt lat nikt mnie nie gnał.
I	I teraz pan przyjechał na stare śmieci?
II	One są całkiem nowe. Wyglądają jak stare, bo tu się rzadko sprząta... Wczoraj wybrałem się na Nalewki. Obcy świat, obcy ludzie.
I	Pan mówi: Nalewki i ja wiem, co pan chce powiedzieć. Mło-

dzi – jak słyszą Nalewki – myślą, że to te na spirytusie.

II Z Nalewek pojechałem na plac Grzybowski. Tragarzy z placu Grzybowskiego pan pamięta?

I Ołów w pięściach. Takie byki.

II Panowie korporanci bali się ich jak ognia. I łobuzy z Falangi, od Piaseckiego.

I Mnie pan to opowiada? Raz, pamiętam, rąbnął mnie taki olbrzym – głowę mi urwało.

II Pana... rąbnął?

I No. Myśmy stłukli szyby. Oni stłukli nas. Na kwaśne jabłko... Jakie jabłka były wtedy. I po ile...

II Przepraszam, pan...

I Człowiek był durny. Krzyczał: Żydzi na Madagaskar! Zamiast samemu jechać. Wielkiej kariery tu nie zrobiłem, proszę pana.

II Ja też nie. Najpierw byłem za młody. Potem byłem za stary. A w międzyczasie byłem Żydem.

I Gdzie pan mieszkał przed wojną?

II Bielańska. Prawa strona. Sklepy, sklepiki, warsztaty. Goldstein, Goldberg I, Goldberg II, Fein, Sauer, Grauer, Katz, Katzew, Dziewczepolski, Kon. Ten Kon – to my.

I Chwileczka... Bielańska... Lipiec 38. Wszystkie szyby w drobny mak. To ja.

II To się nawet zgadza. Lipiec 38... A więc to pan stłukł szybę wystawową mojego ojca. Hajman Kon. Artykuły mieszane. Uczucia również. Wkrótce potem wyemigrowaliśmy.

I Przepraszam.

II Ja nie mam żalu. Mnie tylko zastanawia. Co może przypadek. Kiedy zobaczyłem pana tu, na tej ławce w Łazienkach, wiedziałem, przeczuwałem – coś nas łączy. Pan pozwoli. Harry Kon, junior.

I Jan Szymczak, senior. Bardzo mi przyjemnie.

II Niesłychany zbieg na tle okoliczności.

I Ale głupio jakoś. Niehonorowo.

II Dajże pan spokój. Pan się zmienił, ja się zmieniłem. Rozrusznik serca, sztuczne zęby. Amerykańska technika: bolą jak prawdziwe.

I Chodźmy.

II Dokąd? Łazienki, słońce, łabędź dorodny jak na landszafcie. Mam czas, nasza grupa – ja tu jestem z grupą rencistów – dopiero o trzeciej wyjeżdża z hotelu do Żelazowej Woli. Lubię muzykę... Powiem panu w zaufaniu: jedyne, co mnie cieszy w wymianie kulturalnej między Ameryką i Sowietami, to to, że my wysyłamy do nich naszych Żydów z Odessy, a oni wysyłają do nas – ich Żydów z Odessy...

I Odwiozę pana. Do hotelu, do Żelazowej Woli, dokąd pan zechce. Ale teraz chodźmy.

II Gdzie pan mnie zaprowadzi?

I Na Poznańskiej mam sklep. Zieleniak. Tak to się u nas nazywa.

II Dalej nie rozumiem.

I Panie! Tam jest witryna. Szyba, teraz pan rozumie? Ja pana usilnie proszę – niech pan ją stłucze! Pożyczę laskę. Normalną laskę. Do podpierania, nie do ideologii. Dla pana to jeden ruch ręki, jeden zamach, a dla mnie ulga.

II Ja mam stłuc szybę w pańskim sklepie?

I Kiedy ta cholerna szyba pójdzie w drobny mak – kamień z serca.

II Mam ją – kamieniem?

I Nie, nie kamieniem. Laską. Ułamek sekundy, brzęk szkła i już nie będzie nas dzielić...

II Ta szyba?

I Ta szyba.

II Chodźmy!

I Wiedziałem: mogę na pana liczyć.

II Co pan chce – my, ludzie starej daty, musimy sobie pomagać.

(Wstają razem z ławki, odchodzą).

Rewolucja w Pikutkowie po raz trzeci
(z Tuwima i Jurandota)

(Osoby: X – miejscowy notabl, Ż – jego żona, C – córka).

X (ze słuchawką przy uchu) Kto?... Zaszczyci uroczystości związane z sześćsetleciem naszego grodu... Ależ to historyczne wydarzenie... Poprzednie tośmy mieli w 1241 roku. Jak najechali nas Tatarzy... Pikutków przyjmie z należną czcią... Osobiście i personalnie gwarantuję... (odkłada słuchawkę) Zochaaaaa!!!

Ż Nie jestem głucha, a ty nie jesteś na wiecu.

X Te bohomozy ze ściany – zdjąć! Tu Częstochowską, tam Ostrobramską. Kolorowa fotografia z ostatniej pielgrzymki pośrodku. Obok moje zdjęcie z posłem Rokitą. Na co czekasz? Ruszaj się!

Ż Może przynajmniej powiesz, co się stało.

X Nie, z Rokitą nie... Z braćmi Kaczyńskimi... Bliźniacy jedno... jednojajogłowi... Tylko pamiętaj, żeby zdjęcie powiesić w centrum, ale bardziej na prawo.

Ż Dlaczego?

X Wiesz, kto do nas przyjeżdża? (szepcze jej do ucha) No!

Ż Z nagłą i nie zapowiedzianą...

X Odkąd wyznaczył premiera-katolika – dają na zapowiedzi.

Ż Nie mogę uwierzyć, że go zobaczę. Tyle lat mówili: „Władza plus elektryfikacja”. Teraz jest władza plus elektryk.

X Przemówienie... Jak tytułować? Może o Noblu coś...

Ż Wystarczy skromnie: panie przewodniczący!

X I co dalej? Jakiś cytat. Z homilii. Albo z Miłosza.

Ż A z Brylla nie łaska? Przepięknie napisał o tych skrzydłach połamanych, co nawet Rinn uniosły. Z deptaka w Ciechocinku.

X Mam! Mam cytat. Stosowny, mało używany. (Przybiera pozę) Panie przewodniczący! Słowacki Juliusz, z Komitetu Obywatelskiego Wieszczów z Cenzusem, miał wizję, jak to nie zatrzyma pana ogrodzenie stoczni. W *Kordianie* napisał: „Skoczył! Skoczył!". Koniec cytatu.

Ż Ładne, ale krótkie.

X Panie przewodniczący! Powołany przez pana do życia wolny związek.

Ż Wolny związek? To jakoś dwuznacznie brzmi. Ksiądz proboszcz nie będzie zachwycony. Wiesz, jaki on jest...

X Może i racja... Powołany przez pana do życia związek nie jest ani partią, ani ugrupowaniem, ani stronnictwem, ani klubem, ani centrum, ani epicentrum, ani Scyllą, ani Hybrydą...

Ż To czym on jest właściwie?

X Mnie pytasz? Profesora Geremka zapytaj!

Ż Po twojej mowie powitalnej mogłaby wbiec Halinka. Dygnie, powie wierszyk, zawiąże chustę. Sto razy było, zawsze chwyta... Halinka!!

(Wchodzi córka).

C Słucham, mamo.

X Was tam w szkole uczyli różnych wierszyków...

C Uczyli, tatusiu. Brałam udział w eliminacjach do konkursu recytatorskiego i zajęłam...

X No to mów wierszyk z tego konkursu. Kawałek powiedz.

C (super patos, poza recytatorska)

Ale Komuna się nie podda,
Komuna śmiercią gardzi!
Paryżu gniewny, okrzyk podaj:
„Do broni, komunardzi! (...)"

X Ładnych uczą was wierszyków. Jakieś – za przeproszeniem – miazmaty! Diabli wiedzą – ze Wschodu czy z Zachodu... Wynoś się!

(Córka wybiega z płaczem).

Ż Wierszyk nie za bardzo, rzeczywiście... Słuchaj, przecież przewodniczący może zostać na obiedzie. Co podać? Mam z wczoraj czerwony barszcz z pasztecikami.

X Zwariowałaś! Czerwonego przewodniczący najbardziej nie znosi!

Ż Dodam śmietany. Biały barszcz małorosyjski. Potem kurczęta z mizerią.

X Że niby u nas mizeria? Wykluczone.

Ż Nerwy ci wysiadają. Tobie się zdaje, że jak ja mówię – kołduny litewskie, to na końcu języka mam – Lansbergisa.

X Mało pode mną ryją? Że ja nomenklatura, monopol, monopartia. Tylko czekają na okazję, żeby mnie szurnąć... Na moim biurku powinien leżeć rozłożony „Tygodnik Solidarność".

Ż To on znowu się rozłożył? Senator nie dopatrzył, Maziarski nie dopilnował?

X Głupia jesteś.

Ż Może do kompletu „Gazetę Wyborczą"? Michnikiem na wierzchu.

X Żadnej „Wyborczej"! Ja w domu bibuły nie trzymam.

Ż Wrzeszczysz i wrzeszczysz, a mnie się coś przypomniało. Przewodniczący w wolnych chwilach wędkuje. Czytałam, że łowi. Na robaka, na błyszcz.

X O czym ty gadasz, kobieto?

Ż Znana sprawa. Nawet gdzieś znalazłam o tym jego wędkowaniu. Złowił złotą rybkę. Wiesz, jakie było trzecie życzenie? Złota rybko spraw, żeby Jaruzelski awansował mnie wreszcie na sierżanta.

X Godzina historyczna, a ty dyrdymały opowiadasz!

Ż Dyrdymały... Pomyślałam: może rybę podać? Węgorz odpada. Za śliski. Ale taki karp w galarecie... W porządku. Cofam. Sam trzęsiesz się jak galareta.

X (w pozie mówcy) Panie przewodniczący! Wprowadzenie stanu wojennego spadło na nas jak wrona z jasnego nieba. Ale zaraz w naszym Pikutkowie powstały struktury. Tak tajne, że do dzisiejszego dnia nic o nich nie wiadomo...

(Wbiega córka).

C Mamusiu, ja mogę powiedzieć inny wierszyk. Ten się nada.

I tatko będzie zadowolony, bo to na melodię:

Co ty
Królu złoty
Jesteś mój numerek – one!

X Królu... Czy to nie przedwczesne? Danuśka-królowa. (Dzwoni telefon. Podnosi słuchawkę) Hallo... Rozumiem... Właściwie... postaram się, żeby wypadło... Tak jest (odkłada słuchawkę).

Ż Nie przyjedzie?

X Przeczuwałem: zajęty. W poczekalni premierzy, ministrowie, ambasadorowie, ekipy telewizyjne, dziennikarze, a on chodzi, ściska ręce, udziela wywiadów.

Ż Szkoda.

X To nie jest łatwo każdemu powiedzieć co innego... Przewodniczący nie przyjedzie. Za to w drodze do nas jest... (szepcze).

Ż Nareszcie dowiem się, czy nosi gorset, czy taki sztywny z natury. W telewizji powiedział, że nie nosi.

C Co z wierszykiem?

X Nie zawracaj głowy! Na kilimie – dwie skrzyżowane szable. I jakiś obraz z koniem.

Ż Może *Szał* Podkowińskiego? Zawsze chwalił Podkowińskiego za to, co zmalował.

X Żadnych szałów! Spokój, opanowanie, czystość języka... Całe przemówienie na nic. Trzeba zażyć z innej mańki. W prostych żołnierskich... Halinka może powiedzieć o tej Komunie.

C Naprawdę mogę? Ach, tatko!

X Mów, ale szeptem. Ktoś usłyszy i nieszczęście gotowe.

(Córka wybiega).

Ż Stół by się przydał.

X Prawda, stół. Okrągły. Żeby podkreślić – kto był architektem tego stołu.

Ż Coś ci się pokićkało. Od stołu to jest stolarz, a nie architekt. Z pewnością zostanie na obiedzie. Człowiek wojskowy. Najlepsza byłaby grochówka z kotła, pieczeń po huzarsku, kartofle w mundurkach. Dziadka Grelę można zaprosić. On zna różne żurawiejki, jeszcze sprzed Kołobrzegów. Chociaż... Zaśpiewa: „Hej, dziewczyny, w górę kiecki, jedzie ułan jazłowiecki" – gość się zarumieni, bo wstydliwy, a ksiądz proposzcz wypomni ci to z ambony.

X Przekonałaś mnie. Żadnych piosenek!... Przemówienie... Jak tytułować: panie generale czy panie prezydencie?

Ż Panie prezydencie, jakżeby inaczej.

X Panie prezydencie! Ja, jako stary wiarus...

Ż Stary wiarus wychodził na scenę i nic nie mówił.

X Kiedy to było... U nas, jak kto w roli wiarusa albo – nie daj Boże – kombatanta, gada i gada jak w transie... Twoim zdaniem wystarczy, jeśli trzasnę w obcasy i zasalutuję... (dzwoni telefon. X podnosi słuchawkę) Że jak? Nie, ja wcale nie krzyczę! Chcę tylko zakomunikować, że jeszcze dziś podam się do dymisji (odkłada słuchawkę).

Ż Nie przyjedzie?

X Musi przyjąć w Belwederze delegację z Bangladeszu. Obiecują nam pomoc gospodarczą.

Ż Popatrz: sześćsetlecie Pikutkowa i nikt nie przyjedzie...

X Mylisz się. Ten, z którym rozmawiałem, powiedział, że jedzie do nas KPN.

Ż Cały?

X Ja się nie nadaję do tego pluralizmu, do tej wielopartyjności...

(Wbiega córka).

C Mamo, czy dobrze rozkładam akcenty:

Ale Komuna się nie podda,
Komuna śmiercią gardzi!
Paryżu...

X Won!

(Córka wybiega, płacz).

Ż Uspokój się. Znowu chcesz mieć zawał?

X Im w tej Warszawie łatwo decydować, łatwo ustalać, kto przyjedzie. Ale to już nie ich zmartwienie, skąd ja wezmę dla KPN-u obraz, bo przecież nie zostawię gołej ściany.

Ż Jaki znów obraz?

X A taki! Taki – żeby po jednej stronie był Piłsudski, po drugiej Dmowski i żeby na dodatek obaj byli podobni do Moczulskiego!

Zniknięcie Grobelnego – założyciela Bezpiecznej Kasy – z kasą. Ulica mówi: wedle stawu – grobla. Wedle bajora – Grobelny.

Z lektur szkolnych skreślono *Zemstę* Fredry. Jakiś głowacz orzekł, że Cześnik i Rejent to stara nomenklatura. Spór o mur graniczny też nie ma sensu: jesteśmy znowu Przedmurzem.

Szlagier teatralny Warszawy – wystawienie w Dramatycznym sztuki *Tamara* (o romansie Tamary Łempickiej z D'Annunziem). Podczas spektaklu aktorzy i widzowie jedzą kolację. Żeby zobaczyć, jak pochylają się nad talerzami państwo Walczewscy, nie trzeba już chodzić do SPATiF-u. A jakie dialogi w tej *Tamarze*! Zupełnie jak w przedwojennym żarciku:

– Czy pani Małgosia już jadła?

– Nie wiem, nie słyszałem.

Jeśli ta moda się przyjmie, związek gastronomii i sceny sprawi, że Powszechny wystawi *Śniadanie u Tiffany'ego*, Polski – *Długi obiad rodzinny*, Współczesny – *Samą słodycz* (dla cukrzyków), a Wielki – *Trawiatę* (wyłącznie dla jaroszy).

Wasilij Gałkin – oficjalny rezydent KGB w Warszawie – udzielił wywiadu „Tygodnikowi Powszechnemu". Gałkin zgodził się na tę rozmowę siedząc na walizkach: wraca do kraju. Wkrótce przyjedzie jego następca. Treścią wywiadu rezydenta chyba nikt nie był zaskoczony. Od dawna podejrzewano, że jedynym zajęciem funkcjonariuszy firmy było dokarmianie w Łazienkach wiewiórek – orzeszkami przywiezionymi z Łubianki.

W Operze Leśnej w Sopocie, która widziała już niejedno, odbył się galowy koncert. Dziesiąta rocznica powstania „S" doczekała się imprezy masowej. Lech Wałęsa śmiał się perliście, gdy wyświetlano filmik o Kuroniu-konspiratorze. Z podłożoną muzyką z Klossa. W ostatniej chwili z udziału w akademii ku czci wycofał się Jacek Kaczmarski. Jak Ziemowit po postrzyżynach przejrzał na oczy: zobaczył klon Nikodema Dyzmy.

Rajcy krakowscy zdecydowali, że nie będzie już ulicy Ludwika Solskiego. Aktorus żył stanowczo za długo. Zdążył jeszcze dygać przed Bierutem. Zamiast umrzeć na złość komuchom, psując im wskaźniki długowieczności.

W warszawskim hotelu Holiday, w sali Ballada, promocja drugiej już książki Edwarda Gierka – *Replika* (BGW). Gierek wystąpił w ciemnoniebieskim garniturze. Z aluzyjnie małymi klapami. Moda retro dla byłego I sekretarza łaskawa. Przed hotelem zebrał się tłum gapiów. Komentarze:

– Może żył ponad stan, ale dawał żyć innym...

– Zgoda, pożyczał, ale jemu przynajmniej chcieli pożyczać...

– Wyglądał jak panisko, rozmawiał z żabojadami bez tłumacza, Niemcy proponowali mu rządową posadę. A tym, co przyszli po nim, nie proponowali nawet szefa wartowni...

Edward Gierek – Wielki Likwidator – Syndyk Masy Upadłości – jest dzisiaj starszym panem. Cień klęski zapewnił mu ciepły kąt w historii. Triumfujący, pyszny – był nieznośny. Wyrzucony, internowany, chory – stanął w szeregu królów na wygnaniu.

Rozkręca się walka o prezydenturę po Jaruzelskim. Który chce odejść. Rywalem Wałęsy jest Mazowiecki. W składzie jego komitetu wyborczego znalazł się Stanisław Lem. Istotnie, szanse Mazowieckiego na zwycięstwo to coś z dziedziny science fiction.

Stefan Kisielewski zwierza się czytelnikom: „Nie tyle jestem za Wałęsą, co przeciw Mazowieckiemu".

Umiera Adolf Rudnicki. „Nazywa się inaczej" – zanotowała w *Dziennikach* Maria Dąbrowska. Rudnicki, autor *Niebieskich kartek, Pałeczki, Żywego i martwego morza,* był jednym z ostatnich wyznawców pisarskiej religii, gdzie Bogiem jest słowo. Zdolne dokonywać cudów, karać, nawracać, przenosić zakochanych do azylu miłości.

Zamknęło się koło. Adolf R. zmarł w dniach, gdy sytuacja przypomina czasy jego debiutu. Podobny klimat. Ten sam ciężar powietrza.

Przy telefonie

Halo.
Halo!
Halo!
To ja mówię halo.
I Halo.
II Cholera!
I Panie, wyczep się pan!
II To pan się wyczep!
I Z kim jestem połączony?
II Ja z idiotą.
I Źle pana słyszę. Skąd pan dzwoni?
II Jak to skąd? Z Warszawy.
I Przez Koszalin?
II Dlaczego przez Koszalin? Taki rok na moje wrogi! 1920.
I 1920?
II Nawet nie wie, w którym roku żyje. Mówiłem: idiota.
I Te telefony dzisiaj... Żeby połączyć mnie z numerem sprzed siedemdziesięciu lat...
II Sprzed siedemdzie... To u pana jest teraz 1990?
I Właśnie.
II Dziwne.
I E, nas to już mało co dziwi.
II Skoro jesteśmy połączeni, niech pan mi przynajmniej po-

wie, co słychać? Bo my mamy cud nad Wisłą. Bolszewicy wycofują swoje wojska. A u was co?

I Cud nad Wisłą. Bolszewicy wycofują swoje wojska.

II Popatrz pan: tyle lat minęło i dalej mają co wycofywać.

I Jak gospodarka?

II Jak gospodarka.

I U nas też kryzys. Optymiści mówią: jeszcze trochę i pójdziemy na żebry...

II A pesymiści pytają: Ba, ale do kogo?... Ciągle ktoś do nas przyjeżdża. Królowie, ministrowie, premierzy. I co pan na to: przed każdą wizytą w Warszawie podatnicy zaszywają im kieszenie.

I Inflacja?

II Człowiek ma szafę, parę butów i sznurowadła – już z niego milioner... Recesję macie?

I My to nazywamy – planowy spadek produkcji. Jedyny spadek, na jaki możemy liczyć po babci komunie.

II Bezrobocie?

I Bezrobocie...

II Czytałem w „Kurierku": zwalniani z pracy mają przejść do robót publicznych, do usług.

I U nas już przeszli. Wstąpiłem do barku na Nowym Świecie. Pochwaliłem kawę. Na to właściciel: – U mnie kawa jest fachowo naparzana, bo jeszcze niedawno pracowałem w Pałacu Mostowskich.

II Nie rozumiem.

I Pan nie musi, to myśmy musieli. Ale teraz wszystko inaczej. Zamiast milicji – policja. Zamiast SB – Urząd Ochrony Państwa. Zamiast pałek – kropidło. Zamiast protokołu z przesłuchania – kartka od spowiedzi.

II Hm... Widzi pan jakieś perspektywy na przyszłość?

I Banki zagraniczne obiecały nam pożyczkę.

II Nam także.

I To pewnie jest ta sama pożyczka... Chodzi o to, byśmy mieli gospodarkę rynkową. Jak w kapitalizmie.

II Nie mieliście kapitalizmu? Tylko – co?

I	Pan się będzie śmiał: realny socjalizm!
II	Socjalizm... Miałem wuja socjalistę. Piękna idea. O, socjalizm o niebo lepszy od kapitalizmu. Bo co to jest właściwie – kapitalizm? Źle zorganizowany dobrobyt.
I	Zapewniam pana: realny socjalizm to była świetnie zorganizowana bida z nędzą. Organizacja, że proszę siadać. Niektórzy siedzieli. Do amnestii...
II	Pomówmy o czymś przyjemniejszym.
I	Orzeł odzyskał koronę. Generał w asyście biskupów dokonał aktu zaślubin z morzem.
II	Generał? Nie wiedziałem, że Haller jeszcze żyje! A Naczelnik, co u Naczelnika?
I	Podkręca wąsa i czeka.
II	Otóż to. Podkręca wąsa i czeka.
I	W Gdańsku?
II	Dlaczego w Gdańsku? W Sulejówku... Podkręca wąsa, czeka i nic nie mówi.
I	Nic nie mówi? Panie, to nie może być ten sam Naczelnik! Halo... Halo! Halooo! Rozłączyli. W najciekawszym miejscu. Te telefony dzisiaj... Łatwiej dodzwonić się na tamten świat niż z Żoliborza na Mokotów.
II	Halo... Halo! Te telefony dzisiaj... Rozłączyli. W najciekawszym miejscu. Nawet nie zdążyłem zapytać, kiedy Naczelnik przeprowadził się do Belwederu.

Telefon warszawski

(Dzwonek telefonu. Matka odkłada gazetę. Rozgląda się. Odzywa się Głos).

GŁOS	Mama?
MAMA	Janek? Cieszę się, że zadzwoniłeś... (orientuje się, co powiedziała) Przecież... ja wcale nie mam telefonu. Obiecali, ale nie dali.

Dowcip 1000-lecia

GŁOS Mamo, żenię się!
MAMA Skąd ty właściwie dzwonisz, synku?
GŁOS Od siebie z mieszkania.
MAMA Przecież ty wcale nie masz mieszkania...
GŁOS Obiecali, ale nie dali.
MAMA Chętnie was odwiedzę w tym waszym gniazdku.
GŁOS Tylko najpierw zadzwoń, żebyśmy na pewno byli w domu.

(Pauza).

MAMA Janek? Słyszysz mnie?
GŁOS Słyszę, mamo.
MAMA Słuchaj... Czy ciebie nic nie dziwi?
GŁOS Mnie? Ależ mamo, ja jestem tutejszy! Czy nas jest w stanie jeszcze cokolwiek zadziwić?

Kampania wyborcza: pojawia się obiekt niezidentyfikowany Stan Tymiński. W pierwszej turze gładko wygrywa z Mazowieckim, zagraża Wałęsie. Aby go zdyskredytować – w TV pokazano film, jak to w Kanadzie głodzi swoje dzieciaczki. W TV wytypowani dziennikarze zarzucają Stanowi T., że jeździł do Libii (później przyznano, że była to bujda – komputer się pomylił). Najwdzięczniejszym obiektem ataku stała się żona przybysza znikąd: Peruwianka. – Czy tak powinna wyglądać matka-Polka? – pada pytanie z autorytatywnych ust.

Wałęsa wygrywa z osobnikiem o zdolnościach parapsychologicznych. 9 grudnia zostaje prezydentem. Mazowiecki rezygnuje z premierostwa. Po szamotaninie (Najder, Kaczyńscy) premierem zostaje Jan Krzysztof Bielecki. Znany tak, jak znana jest dziś powieść o Janie Krzysztofie, Rollanda. Wałęsa przyjmuje insygnia z rąk prezydenciunia Kaczorowskiego, dowiezionego z Londynu. Na inaugurację ostentacyjnie nie zaproszono dotychczasowego prezydenta – generała Jaruzelskiego.

Od tego incydentu rozpoczął się Nowy Początek (ale koniec żałosny).

Czy warto było zmieniać rząd*

Za komuny nieboszczki robił premier niedźwiedzia,
W usta cmokał przywódców bratnich partii i państw.
Za paprotką w prezydiach pół kadencji przesiedział
I służbowo odwiedzał to Arłamów, to Łańsk.

Premier dawał talony, swoich kumpli popierał,
By dyskusję lub wstęgę przeciąć – dosyć miał sił...
Potem sprawa się rypła. Był premierem – generał,
Był redaktor, a nawet raz profesor nim był.

Gabinety mijają, aż się robi niemiło –
Czy minister to goździk, by po kilku dniach wiądł?
I pytanie powraca z niesłabnącą wciąż siłą:
Czy warto było,
Czy warto było,
Czy warto było zmieniać rząd...

Po wyborach czerwcowych przyszła zmiana ustroju.
W modzie nowe kolory: czerń sutanny, biel komż.
Premier wszystkich przekonał o swej Sile Spokoju.
Ciężko było ministrom – nie służącym wpierw do msz.
Nagle – wojna na górze. Z grupą starła się grupa
I usłyszał niejeden: „Odwołany się czuj!".
Scysje... spory... wybory... W konsekwencji rząd upadł.
Do dymisji się podał, kiedy szef przegrał bój.

A Zwycięzca, gdy zajął fotel już prezydenta,
Choć wytykał rządowi każdą gafę i błąd,
Zadał wszystkim Polakom taki temat na święta:
Czy warto było,
Czy warto było,
Czy warto było zmieniać rząd...

---

* Żeby było śmieszniej: tę piosenkę śpiewał w Kabarecie Olgi Lipińskiej Jan Tadeusz Stanisławski

Widać warto, bo mamy teraz nowy gabinet.
Urządzony gustownie – meble gdańskie są w nim.
Wszystko gra bez wyjątku. Melodyjnie jak szpinet.
Zagranica się cieszy. Bardziej Rzym niźli Krym.

Choć przejściowy – rząd nowy zwalczać ma starą biedę.
Więc należy przyspieszać. Wzór z bliźniaków wziąć dwóch.
Odkąd z URM-u przedpokój wyjście ma na Belweder –
Żadne widmo nie krąży. Zdrowy duch, zdrowy chuch.

Patrzę na to i myślę: czemu tylko do wiosny
Rząd ma rządzić, a później skromnie zaszyć się w kąt...
Naród dziś już ogarnia żal i nastrój żałosny:
Czy warto będzie,
Czy warto będzie,
Czy warto będzie zmieniać rząd?

Rok 1991

W Gdańsku ukazuje się pierwszy numer pisma „Kryminał". Tytuły artykułów: *Śmierć naturystki*, *Podwójna zbrodnia*, *Wpadka po siedmiu latach*, *Prostytutka z przypadku*. Po czym redakcja życzy czytelnikom: „Zdrowia, spokoju, pogody ducha".

Podobno ma powstać przyboczny organ Wałęsy – „Gazeta Prezydencka". Belweder to przeniesiony do Warszawy Belwederek z Sopotu. Opozycja – dawniej: Geremek, Wujec, Mazowiecki, Bujak, Michnik. Dzisiaj: Geremek, Wujec, Mazowiecki, Bujak, Michnik.

Porządzić
(wykonywał Tadeusz Wojtych)

1

Aleksander Wielki, gdy był jeszcze mały
I w kołysce leżał na poduszce snu,
Rączkę w pięść zaciskał... Niańki nie wiedziały,
Że marzenie jedno towarzyszy mu –
Porządzić!
Za mordę wziąć niesforny tłum.
Porządzić!

Ustalać kurs i dzierżyć ster.
Osądzić!
Kto wrogiem jest, a z kogo kum.
Urządzić!
Rzeź pionków, by wypadły z gier.
Porządzić!
Pokonać Greka, Persa, Negra,
Nie bać się ognia ani krwi.
Kto rządzi, ten nie błądzi
I tylko, jeśli przegra,
Lizusów byłych chór
Odważnie z niego drwi.

2

Dżugaszwili Iosif żył w miasteczku Gori.
Był milkliwy, cichy, chciał na popa iść.
Kiedy nad górami gasił zmierzch kolory,
Miał ambitny Soso w głowie jedną myśl –

Porządzić!
I władzę mieć jak car... jak Bóg.
Porządzić!
Na czele stać pokornych mas.
Osądzić!
Kto spiski knuł, kto szpieg, kto wróg.
Zarządzić!
By mijał czas jak z bicza trzasł.
Porządzić!
Nadzorcą myśli być i sumień
Od Łaby do mongolskich jurt.
Kto rządzi, ten nie błądzi,
Niestraszny więc krwi strumień.
Historyk powie, że
To dziejów – czysty nurt.

3

W kraju, co za ciasny na zbyt wielkich ludzi,
Gdzie od wieków nieszczęść jest więcej niż szczęść,
W godzinie świtania – mrok upiory budzi
I prawica wtedy zaciska się w pięść –

Porządzić!
Osądzić!
Urządzić!
Zarządzić!
Wyłonić się z mgły i zadymy,
Za mordę mordy trzymać fest.
Kto rządzi, ten nie błądzi...
To my – to my błądzimy,
Gdy ktoś nas nabrać chce
Na trik, na krzyk, na gest.

Reforma telewizyjnych Wiadomości. Wszystko inaczej. Poczynając od planszy, inspirowanej czołówką amerykańskiego serialu. Ponieważ odnieśliśmy Victorię – musiało na wizji pokazać się V. Nie jedno, skądże. V dwa, żeby satysfakcja była kompletna. Tylko notoryczni malkontenci szydzą, że to reklama Volkswagena.

Prezesem firmy na Woronicza nie jest już Andrzej Drawicz. Wygwizdany na spotkaniu pracowników szczebla kierowniczego z Lechem W. W gabinecie prezesa rozgościł się Marian Terlecki. Oczywiście, z Gdańska. Bo jedynie Mendel Gdański nie zrobił kariery.

Myśl Andrzeja Urbańskiego w „Tysolu": „Czy w polityce w czasach historycznego przesilenia rzeczywiście należy kierować się martwą literą prawa czy też odwrotnie – prawa tego duchem?".

Jajka importowane z Izraela są tańsze od jajek podbieranych naszym czubatkom.

Czy wypada napisać złą recenzję z gestu Rejtana?

Kuroń zapewnia w litewskim parlamencie, że gotów jest umrzeć razem z Litwinami. Stefan Bratkowski wzywa do spokoju: „Litwa ma dojść do wolności, a nie zginąć po drodze. Sekundujmy jej w przygotowaniu jutra, a nie zgonu".

W spuściźnie po Panu Romanie jedno pojęcie warte jest przypomnienia: egoizm narodowy. Brzydko to brzmi. Czasem jednak lepiej być egoistą, dbać o swój interes, pomagać w granicach zdrowego rozsądku. Mniej ufać muzykologom obsadzonym w rolach mężów stanu, bardziej zawierzać brzmieniu własnej orkiestry. Żeby znowu nie grała chorałów żałobnych. A jeśli komu ten mało szlachetny wariant nie odpowiada, winien zachować się jak bohater anegdotki: poprosić o inny globus!

Trybunał Konstytucyjny stwierdza, że instrukcja MEN (o wprowadzeniu chyłkiem religii i katechetów do szkół) nie naruszyła porządku prawnego. Trzech sędziów miało zdanie odrębne. Jedynie ich nazwiska podała prasa.

W „Służbie Zdrowia", organie lekarsko-pielęgniarsko-ministerialnym, Jerzy I. Kaczmarek opublikował inną instrukcję. Kiedy kogoś pobolewa brzuch, należy wezwać na pomoc świętego Erazma. W przypadku chorób dróg moczowych – niezawodny jest święty Florencjusz. Boli gardło – poradzi święty Błażej. Dokucza migrena – trzeba westchnąć do świętej Anastazji... Cierpliwości: niebawem pojawiła się w sejmie Anastazja. Może i nie święta, i nie od głowy. Ale wzdychano do niej.

Przybywa najświatlejszych umysłów XIII wieku. Ustawa antyaborcyjna ma być prezentem parlamentu dla papieża. Mającego wizytować RP.

Premier Krzysztof Bielecki (jeszcze z brodą) uchylił zarządzenie swego poprzednika, Siły Spokoju: ministrowie mogą posiadać akcje, partycypować w zyskach spółek.

Zastępca prokuratora generalnego RP Janusz Eksner wystąpił ze śmiałą tezą: ateizm to najgorsza z religii.

Pewnie powstaną muzea antyateizmu. Eksponat w tym muzeum – pijak. Prokurator Eksner powiada: „Odejście od wiary... ideowa pustka zastępowane bywają często właśnie ucieczką w alkohol...". Czy dla pijaka ideowa pustka najgorsza? Raczej pustka w butelce. Przyjęcie poglądu prokuratora sprawi, że drogówka interesować się zacznie nie promilami, lecz światopoglądem. Inna teza J.E.: „Ateizm to religia państwowa systemów totalitarnych". A co ze Słowacją księdza Tiso? Co z Hiszpanią generała Franco? Katolickie przecież były to totalniaki. Ateizm jako przyczyna zjawisk patologicznych... Różnie z tym bywa. Pobożny złodziej *Biblię* też ukradnie.

Gdzie wyznaczają sobie tajne schadzki szpiedzy? W pustych kinach. Dlatego zawsze sprawdzają, czy na ekrany wszedł film Zanussiego.

Jarosław Kaczyński podczas obrad Porozumienia Centrum oświadczył, iż PC będzie kontynuowało rewolucję.

Kamery telewizyjne pokazały salę wypełnioną sankiulotami. Wystarczyło przymknąć oczy, by zobaczyć, jak szturmują Bastylię, Zimowy, URM. Wolność prowadząca lud na barykady to dziś bliźniak bez wąsów, posiadacz kota Busia. Niestrudzonego lustratora – myszy.

Podobno delegowani z terenu na kongres PC musieli podać nazwiska panieńskie matek, a nawet babek. Można się założyć o dowolną sumę: ryjącym nosem w papierzyskach i pościeli nie szło o wytropienie bocznych gałęzi Radziwiłłów czy bękartów Sanguszków. Już prędzej było jak w śpiewance: „Koci koci łapci, jedziemy do babci, tylko ani słówka, że babcia Żydówka!".

Jesienią – wybory. Po wyborach – parlament. Niekontraktowy. Dopiero wtedy będziemy mogli kontynuować dzieło II RP. Kto zostanie Wieniawą? Pan Mnietek – kapciowy Wałęsy...

W „Tysolu” szlocha Wierzbicki: „Z «Tygodnika Powszechnego» wyrzucony został za niewłaściwe poglądy polityczne wieloletni redaktor tego pisma Tadeusz Szyma...”.

Co to znaczy – w dzisiejszych czasach – niewłaściwe poglądy?

Lolita

Kto ja jestem? Przepraszam. Dlaczego pan pyta?
To chyba widać po mnie. Ja jestem Lolita.

Sławny pisarz Nabokov prozą mnie uświetnia.
Że co? Tamta Lolita to jeszcze nieletnia?

Amator z pana jabłek zielonych... Nie lubię...
Kotku, ze mną bezpieczniej! Nudno – jak po ślubie.

Zresztą, kiedy ja miałam poczuć się nimfetką?
Za komuny i w łóżku było nam nieletko.

To łóżko było pryczą. Wielki Brat pośrodku,
A dokoła co ludu, co bratnich narodków!

Tu Mongoł baranicę pod siebie podściela.
Tam znów Kozak kubański. Prosto od Fidela.

Tutaj Chińczyk robotny jak czerwona mrówa.
Tam Murzynek z Angoli pod kołdrę się wsuwa.

Enerdowiec pod ścianą, gdzie strażnicza budka.
I w nogach Arab z bombą. A kołdra za krótka.

Zawsze ta krótka kołdra... I cenzura. Senna.
Ta noc trwająca wieczność to była gehenna!

Pożar zmysłów wygasał, nim jeszcze rozgorzał
Na myśl, że Polska była – od łoża do łoża...

Jeśli pryczę zagęścił chrapiący monolit,
Czy mogłam koleżanką być szczęśliwych Lolit?

Czy mogłam za przykładem perwersyjnych sprytul
Wyszeptać: „Pieść mnie, całuj!" lub prosić: „Przytul"...

Cierpiałam i czekałam – bezsilna ofiara
Totalizmu. A teraz pan mówi – za stara.

Za stara na Lolitę? Wnet panu dowiodę –
U nas wszystko, co stare, jest dziś znowu młode.

Stara nomenklatura młoda jest jak źrebię.
Stare hasła są młode, gdy się je odgrzebie.

Znów – „Polska dla Polaków!" Znów – „Żydokomuna"...
Wszystko dzisiaj jest młode, proszę pana, u nas.

Złota rybka na widok wędkarzy i wędek
Sprawiła, że odmłodniał tak chadek jak endek.

Za stara na Lolitę? Pan plecie trzy po trzy.
Co, może kapitalizm jest ode mnie młodszy?!

Lech Wałęsa wybrał się za ocean. Hojny z niego pan – ofiarował Muzeum Holocaustu zabytkową bramę starego cmentarza w Tarnowie i dokumenty z Archiwum Ringelbluma. Ołtarza Mariackiego na szczęście ze sobą nie zabrał.

Życie duchowe formatu ekranu w telewizorze. W Domu Literatury odbywa się spotkanie pisarzy – krajowych i emigracyjnych. A cóż to dziś za rozróżnienie! Wielu krajowych literatów żyje życiem emigrantów: odepchniętych, nie chcianych, nie czytanych.

Frazes mędlony w gazetach: krucha demokracja... Ciekawe: jakim cudem demokracja, krucha jak szkło, umiała tyle razy wyjść cało spod podkutego buciora? I przetrwać mimo kruchości, gdy rozpadały się betonowe bunkry władzy.

Z opinii o kandydacie na stanowisko: „Przeszłość kombatancką posiada powyżej średniej regionalnej".

Czy ci, co skrzykują nagonkę, pamiętają, że z błota nie wznosi się pomników?

Otwarcie salonu Mercedesa w Warszawie. W dniu otwarcia firma przyznawała bonifikatę. Nie obyło się bez listy społecznej. Na mercedesy.

Obchody siedemsetpięćdziesięciolecia bitwy pod Legnicą. Nabożeństwo ku czci Henryka Pobożnego, który pobił Tatarów. Zaproszony przedstawiciel Mongolii wybąkał, że pod Legnicą odbyło się pierwsze spotkanie naszych (odtąd już zakolegowanych) narodów.

Wykryto kolejną zbrodnię komuny. W „Expressie Wieczornym" syn kombatanta raportuje: „Przechowywaną na życzenie Marszałka skórę Kasztanki po wojnie zniszczono na polecenie ministra kultury i sztuki Włodzimierza Sokorskiego".

Dziwne: do tej pory wiedzieliśmy o Sokorskim, że potrafi zmieniać skórę. Teraz wyszło na jaw, że Wujcio Chłodek niszczył także.

Znowu obchody: rocznica Konstytucji 3 Maja. Pięćdziesiąt cztery osobistości przejadą się szesnastoma powozami w asyście ułanów od Belwederu do Bazyliszka na Starym Mieście. Tam odbędzie się cocktail. Urządzony przez Kancelarię Prezydenta Wałęsy. Do stolicy koniska i powozy dowoziło dwadzieścia ciężarówek. A wszystko to po to, by Waldorff w karocy poczuł się baronem.

W Nowym Jorku popełnia samobójstwo Jerzy Kosiński. Ze wszystkich opowieści o zmarłym wybieram tę: prosto z dyskotekowego huku, kobiecego śmiechu, świateł Manhattanu – zjawiał się w szpitalu i siadywał przy łóżkach umierających na raka, by czytać im książki.

W Belwederze nowy totumfacki Lecha W. – Piotr Szczepanik. Przyfrunął, ciągnąc za sobą sznur kormoranów. Szczepanik odpowiada za rytmiczne kontakty prezydenta z pisarzami, malarzami, filmowcami, muzykami.

Penderecki przyjmowany na audiencji przez piosenkarza. Wajda, zapisujący się na posłuchanie... Herbert stremowany i niepewny, w jakim humorze będzie dygnitarz... Mówią Chińczycy: kiedy jesteś mandarynem – nawet twoje kogutki i świnki idą do nieba.

„Ujadające kundelki"... Któż to tak wyraził się o intelektuałach i nobliście Miłoszu? Prymas Glemp. Dusz owczarek.

Manifestacja „S" w Warszawie. Twórcę reform Leszka Balcerowicza związkowcy zamierzali wywieźć na taczkach. Taczki zwinięto z budowy. Oddano je z przeprosinami. Gdyby taczki się nie odnalazły, budowlańcy musieliby za nie zapłacić z własnej kieszeni. Dzięki tej historyjce o kapitalistycznym prawie własności szef Regionu Mazowsze przekonał się: budowa barykad wykluczona! Kasy nie starczy na odszkodowanie.

Dentysta z Krakowa – Kapera pożegnał się ze stołkiem w Ministerstwie Zdrowia. Jak przystało na obrońcę moralności i fundamentalnych zasad, nazwał homoseksualistów zboczeńcami, zaś używanie prezerwatyw niewyobrażalnym świństwem.

Dentyście bezpieczniej teoretyzować, gdy słuchacz siedzi w fotelu, czekając na zbliżające się wiertło.

Aforyzm marszałka Chrzanowskiego związany z aborcją: „Dla mnie urodzenie dziecka nie jest karą". Głupio mówić o karze. Za urodzenie dziecka przez mężczyznę dawno już obiecano nagrodę. W zielonych.

Wizyta papieża. Żarcik: – Jaka jest różnica między Bozią a Janem Pawłem II? – Bozia jest wszędzie, a papież już tam był...

Papieża środowiska twórcze zaprosiły do Teatru Wielkiego. Na *Halkę*. To znaczy na fragment III aktu. Nikt nie pomyślał, o czym jest ta opera. Jej kościec fabularny to dramat dziewczyny z ludu, która żyła (przed ślubem) z młodym mężczyzną. Z nie zalegalizowanego związku urodziło się dziecko. Dziecko zmarło: nieład moralny nie sprzyja poczętemu. Matka dziecka, odchodząc od zmysłów (szkoda, że tak późno) z rozpaczy, że jej kochaś żeni się z inną, chce podpalić kościół. Na szczęście odstępuje od tego zamiaru. Za to skacze do rzeki. Popełniając samobójstwo (grzech śmiertelny).

Czy naprawdę nie dało się wybrać dla Dostojnego Gościa jakiejś przyzwoitszej opery?

Za komuny mówiono z przekąsem o przeżytkach kapitalizmu. Dziś, z nie mniejszym przekąsem, mówi się o przeżytkach socjalizmu. Takich, jak na przykład wczasy pracownicze, domy kultury, marna (ale zawsze lepsza od żadnej) służba zdrowia.

Złe notowania ma również Ojczyzna Inteligencka. Chociaż nie jest ona wcale elitarna: pełnoprawnym jej obywatelem może zostać każdy, kto zgodzi się na to, by zaryzykować uprawianie pasji społecznikowskich i frajerskiej filantropii. Przypomina się to wszystko, kiedy na Rynku Starego Miasta w Warszawie stoi w białej kucharskiej czapce Jacek Kuroń i wydaje – tyle razy wykpiwaną – zupę kuroniówkę. Wydaje ją tym razem odpłatnie. Aby mieć za co wysłać na wakacje dzieci z najuboższych rodzin.

Egzotyka: na Stogach w Gdańsku oddano sprywatyzowaną plażę. Po mszy plaża została poświęcona przez księdza. Wyposażonego w kropidło.

Czy na poświęconej plaży wypada rozebrać się do majtek? A co z dekomunizacją? Komucha pewnie poznać po tym, że opala się na czerwono.

Przewodniczący łódzkiej „S", Słowik, wyprocesował od Skarbu Państwa 184 miliony złotych za doznane od poprzedniego ustroju cierpienia.

Słowik (z wierszyka Tuwima) był spóźniony, ale nie dlatego, że wybrał się do kasy.

W „Życiu Warszawy" reklama mebli amerykańskich: „Atmosfera rezydencji Carringtonów w twoim domu".

Z Alexis?

Festiwal w Opolu. Przewodnicząca jury Ewa Bem po obejrzeniu występu najmłodszych rockowców: – Nie jestem pewna, czy oni mnie odróżniają od Połomskiego...

Tytuł z „Tygodnika Politycznego Centrum": „Rozgonić ich!". O kim to? O parlamentarzystach.

Nestor felietonu politycznego Stefan Kisielewski w rozmowie telefonicznej z tygodnikiem „Wprost": „Niepokoją mnie krzyki przeciwko spółkom nomenklaturowym. Nomenklaturowym, czyli jakim? Bogatym. Produkcję tworzy ten, kto ma pieniądze. Skąd je wziął? To sprawa dla prokuratora, a nie dla polityka".

Przyszłości nie gwarantują czytelnicy horoskopów. Mędrzec powiada: Ogień, który nie zapłonie we właściwym czasie, nie zapłonie nigdy.

W Rzeszowie Porozumienie Centrum uruchomiło Bank Rezerw Kadrowych.

– Przepraszam, pan zapisał się do PC z przekonania czy dla interesu?

– Ja? Z przekonania, że to najlepszy interes!

Łaps 90

Późny wieczór. Pan domu wprowadza do pokoju gościa. Gość jest w obszernym, zbyt obszernym płaszczu z postawionym kołnierzem. Rondo kapelusza rzuca cień na twarz. Gospodarz przygląda mu się uważnie.

– Proszę. Niechże pan siada. Znamy się przecież od lat. To pan mnie obstawiał. Dobrze mówię? „Obstawiał" – tak to się u was nazywa.

– Wiedziałem, że pan wie – gość siada, zdejmuje kapelusz.

– Łaził pan za mną wszędzie. Sterczał godzinami przed domem. Albo warował w samochodzie ze zgaszonymi światłami. Całe noce.

– A czy to moja wina, że z pana taki domator?

– Nieraz było mi pana żal. Siedzę z przyjaciółmi. Pijemy, gawędzimy. A pan tam – na deszczu... Jak to się stało, że przydzielili pana do mnie? Interesował się pan literaturą, pisarzami...

– E, nie, ja nie robiłem po linii inteligencji. Gdybym ukończył akademię w Rembertowie, to tak. Ale ja to prosty łaps, bez docentury.

– Mimo to zajmował się pan mną.

– Zaraz zajmował. Pana to ja wygrałem w karty. Koledze karta nie szła. No i na mnie padło.

– Graliście w karty? O mnie... Niesłychane!

– A czy to ja chciałem, napierałem się? Wypadek przy pracy. Proszę się nie obrażać. Nudno pan żyje. Książki, papiery... Tyle tego, że trzeba było przeglądać w nadgodzinach. Myśli pan – księgowość uznała? Jeszcze mi premię cafli.

– Przepraszam.

– Przepraszać pan powinien za swój charakter pisma. Cośmy mieli z odczytem tych hieroglifów. Chłopaki włosy rwali z głowy. Jak się ma taki charakter, należy pisać na maszynie.

– Próbowałem, ale wtedy opuszczała mnie inwencja. Wena. Twórcza.

– Bo wali pan jednym palcem jak analfabeta! Było na kurs pójść. U nas organizowali...

– Jeszcze raz przepraszam.

– A jakie brudy u pana. Niby inteligencki dom, a kurzu, a paprochów... Pan nawet nie zauważył, że kurze wycierałem, regały przetarłem szmatką na mokro.

– I kiedy pan to wszystko...

– Przeszukania? Pan wychodził, ja wchodziłem.

– Ot, tak – wchodził pan?

– Proszę – komplet kluczy. Przydadzą się panu.

– To moje klucze?

– Resort dorobił. Technika.

– Dziękuję. Ile płacę?

– Zapłacone. Miał pan udział w naszym budżecie. On przecież z podatków... Szuka pan okularów? W szarej marynarce. Czwarty wieszak po prawej stronie.

– Wie pan o mnie wszystko...

– Tylko tyle, żeby rozeznać, co za ptaszek. Protesty, drugi obieg, Latający Uniwersytet, narady z przyjaciółmi. Nawiasem mówiąc – nie tacy oni przyjaciele, jak pan myśli. Obgadywali pana za plecami, aż miło. To znaczy – niemiło. Mnie niemiło, bo ja pana cenię.

– Obgadywali mnie za plecami, powiada pan?

– No.

– A o czym mówili?

– Byłem pewny: pan zapyta. Ten pański przyjaciel, pan Jacek, telefonując do pana Pawła, powiedział: ależ to krotny grafoman!

– To nieprawda. Jacek nie mógł...

– Ja bym tego nie wymyślił. Po co? A znowu pan Julek wyraził się w Bazyliszku, że pan załatwił sobie wydanie książki za granicą przez dupę.

– Wypraszam sobie podobne...

– Mam nagranie. Jemu szło o tę Frau Ilse z niemieckiego Verlagu. Ja wiem: między wami nic nie było. Właściwie szkoda, że pan jej nie przeleciał. Ona miała na pana chcicę. Czytałem tłumaczenie jej rozmowy z radcą kulturalnym. Powiedziała, że pan – znaczy Herr – to szalenie ekscytujący mężczyzna, dżentelmen w każdym calu. Szkoda więc, że niski.

– Ekscytujący mężczyzna... Tak powiedziała?
– I że niski też. Źle pan zrobił: było babę przelecieć, a tę pańską narzeczoną, pannę Renatę, najwyższy czas odstawić. Nie dość, że flejtuch, to jeszcze robiła pana w konia.
– Renatka? Niemożliwe.
– Dalej pan wierzy, że w środy i w piątki chodziła do powielarni drukować ulotki? Gdybym panu powiedział, kto był tą powielarnią – oko by panu zbielało.
– Znam go?
– Nie mogę sypać. Zresztą... Co to pana obchodzi. Pan już jedną nogą na placówce.
– O tym też pan wie? Przecież nie było komunikatu.
– Frak pan ma? A krawca? Mogę dać namiary: całą nomenklaturę obszywał, złota rączka. Minister Wilczek we fraku wyglądał jak półtora Napoleona, generał Kiszczak jak generalissimus.
– Ambasada to jeszcze nic pewnego. Kompletnie zaskoczyła mnie ta propozycja.
– Chodził pan i nudził, to dali. Im na rękę, że pana spławią.
– Im?
– Ludzi pan nie zna. To ja już pójdę.
– Dokąd pan... Proszę, niechże pan zostanie. Praca nie zając.
– Jaka praca? Wylali. Dzisiaj nie ma roboty dla takich jak ja. Chyba, że pan weźmie mnie ze sobą.
– Tam?
– Nie przydałby się panu ktoś zaufany? Pan mnie zna, ja pana znam. Umiem być wdzięczny... Pan nie może mnie zabrać. Rozumiem. Spodziewałem się tego.
– Naprawdę nie mogę. Ale... może przydałaby się panu opinia, referencje...
– Rekomendacja? Pańska średnio by mi pomogła. Układy na górze ma pan słabe. Tylko patrzeć, jak...
– Podejrzewa pan...
– Koniec, kropka, końce w wodę. Przyszedłem się pożegnać. Będzie mi pana brakowało.

WESOŁYCH ŚWIĄT!

– Może jednak mógłbym coś...

– Poproszę o autograf. O, tu. Na egzemplarzu. Wziąłem z archiwum. Oni mają pół nakładu pańskiej książki z konfiskaty.

– Komu mam to...

– Magdzie.

– Nie panu?

– Ja mogłem to sobie załatwić w laboratorium bez łachy. Ale co oryginał, to oryginał. Córka zbiera autografy. Z pomocą moich kolegów udało się jej zgromadzić kolekcję Sławnych Polaków.

– Proszę, podpisałem.

– Znowu te hieroglify! I kto to teraz odczyta, jak technika w likwidacji. A tyle razy mówiłem sobie, że zostawię panu na biurku kartkę: Pisz, cholero, starannie, bo oczu na loterii nie wygrałem!

– Przyrzekam poprawę.

– Teraz? Mnie to już wisi. Ani ja, ani pan nie znamy tych, co mnie zastąpią. Niech pan ich przy okazji pozdrowi od Kazka. Resortu nie ma, ale jakaś etyka zawodowa obowiązuje nadal.

Afera Telegrafu. Nie jest to telegraf bez drutu. Kabel prowadzi wysoko.

Na murze w Gdyni ktoś napisał: „Boże! Strzeż mnie przed katolikami".

Umiera Eryk Lipiński. Grafik, plakacista, karykaturzysta. Warszawa była dla Eryka otwartą książką. Z adresami i telefonami żywych i dawno już obecnych po tamtej stronie. Aktywność Eryka na wielu polach przyczyniała się do tego, że najweselszy barak w całym obozie był salonem, teatrem o ciekawym repertuarze, wystawą obrazów (nie zamykaną za pomocą spychaczy i buldożerów jak u sąsiada), księgarnią, w której kupić można było książki do czytania, kabaretem literackim, kawiarnią, gdzie nie mówiło się szeptem.

Wybory coraz bliżej. Z braku rozrywek ogląda się Studio Wyborcze w TV.

Projektantka mody Aleksandra Laska obmyślała kreacje dla Małgorzaty Niezabitowskiej, gdy ta była jeszcze rzecznikiem rządu. Obmyślała je z wyraźnym zamysłem politycznym: każda kiecka to był cios zadany komunie... O tym mało znanym epizodzie opowiedziała w wywiadzie Małgorzata N.

Coraz częściej prezentowane w Studiu Wyborczym programy to wizja Polski z lotu głu-ptaka.

Sekretarz stanu, zastępca szefa Kancelarii Prezydenta Sławomir Siwek żali się w „Expressie Wieczornym": „«Gazeta Wyborcza» razem z kawiarnią warszawską urobiła mi opinię, że jestem bucem".

Śmierć Stefana Kisielewskiego. Zdążył jeszcze przekazać Wiesławowi Uchańskiemu z „Iskier" swoje memuary. „Wsadziłem ci pod fotel tonę dynamitu" – zapowiedział. Dynamit eksplodował w 1997 roku. Ofiarami wybuchu padli głównie ci, którym Kisiel sporo zawdzięczał.

Wynik wyborów: dużo nas, dużo nas do pieczenia chleba! Z zakalcem.

Odchodzi z kancelarii Jarosław Kaczyński. Na odchodnym ostrzega przed dyktatorskimi zapędami Wałęsy. Ostrzega zwłaszcza przed jego złym duszkiem – panem Mnietkiem. Jedynym w Belwederze, który ma prawo budzenia prezydenta. Bez względu na godzinę... Już nie tylko kapciowy – budzik.

W senacie stale wracający refren debat: „Zygota, ta szara zygota"...

Wałęsa zaprasza wybranych polityków do Belwederu na śniadanka. Przed posiłkiem – paciorek. Po paciorku – owsianka. Wachowski zwykle prosi o dolewkę.

Jak to pisał Chamfort: „Pan de Lassay, człowiek bardzo łagodny, ale znający dobrze świat, powiadał, że trzeba połknąć co rano ropuchę, aby nie czuć obrzydzenia przez resztę dnia”.

Rok 1992

W foyer Teatru Wielkiego odbyło się przyjęcie „z okazji powrotu firmy GUERLAIN do Polski po 50 latach nieobecności"... Proszę: nawet GUERLAIN był zmuszony do emigracji, wiadomo przez kogo! Co innego im pachniało: najpierw duchi Krasnaja Moskwa, potem Przemysławka, Jucht i Brutal.

W założonym przez Krysię Sienkiewicz Sklepie Niepotrzebnych Rzeczy można dostać parawany zasłaniające ekran telewizyjny.

W „Życiu Warszawy" list byłego prezesa Radiokomitetu Mariana Terleckiego. Terlecki wyleciał za prowadzenie samochodu (i firmy na Woronicza) w stanie wskazującym. Teraz żali się adresatowi listu, prezydentowi: „Miałem przyjemność obejrzeć i wysłuchać orędzie noworoczne pana prezydenta, gdzie stwierdził on, że jesteśmy wszyscy jedną rodziną. Tymczasem ja mam wrażenie, że znalazłem się poza tą rodziną...".

Biedna sierotka.

Po zwyczajowych już targach za kulisami powstaje rząd mecenasa Jana Olszewskiego: Gabinet Osobliwości. Najgorszy minister budownictwa od czasów Kazimierza Wielkiego zostaje ministrem współpracy z zagranicą. Sekretarz nabożnej osoby – szefem MON-u. MSW przejmuje orzeł na nerwowym tle. Rzecznik prasowy zwierza się, że jeszcze nie wie, czy warto spotykać się z pismakami. Za to deklaruje: „Mecenas Olszewski jest rzadko spotykanym wirtuozem słowa mówionego". Wirtuoz ma już instrument. Teraz – drobiazg – musi przekonać słuchaczy o swym mistrzostwie. Paderewski również był premierem.

W dzienniku „Nowy Świat" pisze Jacek Maziarski: „Myślę, że nadszedł już czas, by rząd kierowany przez Jana Olszewskiego energicznie wkroczył w sferę mediów i zabrał się za porządki".

Maziarski znalazł wreszcie wymarzoną uczciwą pracę: porządkowego.

Nowe zastosowanie założonych przez komuchów zespołów pieśni i tańca – Mazowsze i Śląsk – śpiewanie kolęd przed prymasem Glempem.

Jak obecnie nazywa się czystka? „Urealnienie obsad personalnych". Olszewicy (termin z tygodnika „NIE") to przecież nie bolszewicy.

Nikomu dotąd nie znana oficyna Werset z Krosna wydała poczytajkę – *Mein Kampf* Adolfa Hitlera.

Kościół wystąpił o zwrot budynków Uniwersytetu Warszawskiego na Krakowskim. Budynki te od 1918 roku należały do Skarbu Państwa. Po wojnie odbudowano je. Widocznie z datków na tacę.

Coraz głośniejsze są głosy, domagające się rehabilitacji Józefa Mackiewicza. Współpracownika hitlerowskiej gadzinówki. Co ten obcmokiwany autor miał do powiedzenia w sprawach krajowych? Wśród jego epistoł do Mieczysława Grydzewskiego znalazła się ocena sygnatariuszy Listu 34: „...Są to bowiem wewnętrzne postulaty grupy ludzi, podtrzymujących notorycznie ustrój komunistyczny w kraju. Wielu z nich, jak taki Kisielewski na przykład, spełnia rolę dywersantów, emisariuszów, agentów w wolnym świecie i w emigracji".

Posłowie ZChN-u wystąpili z inicjatywą, żeby komuchy płaciły specjalny podatek. Główny rachmistrz ZChN-u Henryk Goryszewski doliczył się 2 bilionów złotych mających dzięki tej akcji zasilić budżet. Goryszewski zyskał ksywkę – Kobra. Wzięła się ona z autoprezentacji: – Uderzam, ale nigdy na ten temat nie mówię...

Na ślubie aktora Kryszaka drużbą był Mieczysław Wachowski. Nikogo to nie zaskoczyło. Od dawna Kryszak nazywany jest Wachowskim polskiej estrady.

Program, w którym Kryszaka zapamiętała publiczność, to rozpisana na kukiełki szopka – Polskie ZOO. Jeszcze jeden resort prezydencki Wałęsy. On sam pokazuje się w tym ZOO jako Lew... Lew z Jasnej Polanki?

Rząd mecenasa Olszewskiego nazwał się sam Rządem Nadziei. Kiedy okazało się, że była to raczej nadzieja rządu – przezwał się inaczej. Jest to Rząd Przełomu... I Oszołomu – dodają nieżyczliwi.

Czwarta rano

(wykonywała Katarzyna Skrzynecka)

Od dawna to wiadomo już,
Spisano to w kominie sadzą –
O męstwie pięknie mówi tchórz.
A o wierności – ci, co zdradzą.

Przybywa wciąż bilonu słów
I bohaterów coraz więcej.
I tylko tak jak dawniej – znów
O czwartej rano boli serce.

Oszukani,
Zapomniani,
Zawiedzeni,

Zagubieni jak wypadły z gniazda ptak,
Wygwizdani,
Kiedy w liściach
Wiatr jesieni,
Jedno wiedzą: że to miało być nie tak...

Drogowskaz u rozstajnych dróg
Pokaże dojście, by wejść w układ.
Godności wzorem – orszak sług.
Wolności stróżem – byle kukła.

Ubywa szans, przybywa dat,
Reklam, gadżetów, banderoli...
Zziębnięty świt na łóżku siadł –
Skurczem pamięci serce boli.

Niewygodni
W rolach świadków
Wielkich zwycięstw,
Niepotrzebni jak w powietrze wbity hak
Nie potrafią
Żyć w przyjaźni ze swym życiem –
Przecież miało być inaczej. A nie tak.

Wałęsa poprosił kolegę, prezydenta państwa Izrael, o zwrot naszego największego dobra – Bagsika i Gąsiorowskiego.

Co na tę propozycję mógł odpowiedzieć kolega prezydenta RP: – Najlepiej goli się na cudzej brodzie!

Mozart podpadł panu Mnietkowi. Orzekł, że Wolfgang Amadeusz jest przereklamowany. I wysłał swego pryncypała (z żoną) na *Normę* Belliniego – przynajmniej *Norma* zaczyna się od modlitwy kapłanów.

Atrakcją karnawału stał się bal kostiumowy w MSW. Ogromne wzięcie miały ubranka Smurfów. Gargamel nie został wpuszczony: zweryfikowano go negatywnie po zapoznaniu się z jego teczką.

Poszerza się strefa pieszczot z emigracją. Właściwie nie ma już władającego piórem emigranta, na którego temat nie powstałby doktorat. Nie ma takiego Niezłomnego z Londynu, którego dzieła wszystkie nie spoczęłyby w magazynach Składnicy Księgarskiej. Do tego doszła niedawno nominacja Radka Sikorskiego na wiceministra obrony (przy ministrze Parysie). Posiadacz brytyjskiego paszportu Radek S. to strateg i wizjoner. W wywiadzie dla „Wprost" oznajmił: „Polskie wojsko musi wyciągnąć konsekwencje z tego, co zdarzyło się w Afganistanie. To była wojna, w której mały, biedny naród pokonał supermocarstwo... Myślę, że moje doświadczenie wojenne z Afganistanu i Angoli może być resortowi przydatne".

Wywód jasny, konsekwentny. Mamy szansę stać się Afganistanem. Mudżahedini się znajdą. Mułłów nie zabraknie. Jeden kłopot: góry, cholera, za niskie!

Z miarodajnych ust: „Ten rząd nie ma alternatywy".

Za komuny dygnitarz powiadał: „Towarzyszu, mamy wiele alternatyw!".

Doktryna wojenna ministra Parysa to parafraza żartu:

– Z kim Polska graniczy? Z kim chce!

Tylko tyle

(Piosenka Niemłodego Pana)

1

Może słońce lśnić jak dukat,
Lecz ja w kościach czuję dreszcz.

Mnie pogoda nie oszuka:
Ja to wim – we Lwowi teraz pada deszcz...
Nad kaplicą Boimów cień chmur zaczął ogromnieć,
Więc otwieram parasol, by tam iść. Nie zapomnieć.

W ukraińskim mieście Lwiw
Ja bym wypił kilka piw
W starej knajpie ukraińskiej – U Atlasa.
Odwiedziłbym Stryjski Park
Ukraińskich pełen skarg:
– Panie Józku, weź ta graba, nie rób szpasa!

Uniwerek nasz... Ta joj!
Tu wykładał Kridl i Boy.
Jeden z Łemków, drugi Hucuł – rzecz to znana.
Łyczakowska... Nie ma jej.
– Wpierw „Łenina" – w głos się śmiej –
Teraz pewnie już Bandery. Atamana.

Prawda, jakie to dziwne, gdy się tak zastanowić.
Krople bębnią w parasol. To deszcze pada. We Lwowi.

2

Nic nie zmieni się na mapie
Od tęsknoty, snów i słów.
Wciąż mnie ktoś za guzik łapie
– Tobie szło o twoją młodość, nie o Lwów.
Tęsknisz za sobą samym, a nie Zamkiem czy Kopcem.
Chcesz, to pojedź do Lwowa. Zobacz: wszystko tam obce.

Hotel George – ruiną jest.
Jego zmiennik zwie się Dniestr:
Mafia, wóda, szpan, panienki dolarowe.
Skacz po skali, w radio wal,
Nie ma już Wesołych Fal,
Nie ma śniadań tych u pani Tyliczkowej.

W ukraińskim mieście Lwiw
Nie zna nikt batiarskich ksyw
Ani ballad o Liwickim i Białoniu.
Kino Miraż zwie się Myr,
Autka z Polski przywiózł tir.
A z pomników – Chmielnickiego masz na koniu.

Słucham o tym i myślę, choć łza w oku się kręci –
Tylko tyle dziś Lwowa, ile naszej pamięci...

Ksiądz Wiesław Niewęgłowski, duszpasterz środowisk twórczych, o podopiecznych: „Przychodzili, aby pomóc im nie tylko duchowo, ale i materialnie. Stali rzędem po paczki, które z różnych zagranicznych wspólnot kościelnych sprowadzano dla nich podczas stanu wojennego. Na terenie Warszawy co trzeci twórca (w tym dziennikarze, pracownicy radia i telewizji) otrzymywał pomoc od Kościoła... Podnosili pierwsi «V» zajączki, najgłośniej śpiewali religijne pieśni i z nadgorliwością przywdziewali pokutne szaty. Wyrzekali się ateizmu i obiecali restytucję. I oto teraz ci nadgorliwcy spod ambony, nabierając kolejny, nowy wiatr w żagle... grają w pierwszym rzędzie nowej orkiestry".

Gogol w terenie.
– Mam panom do zakomunikowania arcynieprzyjemną nowinę. Jedzie do nas Dekomunizator!

Projekt: przez pięć dni w tygodniu budować kapitalizm, w weekendy trwać przy realnym socjalizmie. Socjalizm w niedzielę gwarantuje frekwencję na mszy. I twórców szczęśliwych ze spotkań w salach parafialnych.

Wałęsa mówi o zawieszeniu demokracji. Andrzej Szczypiorski pisze o „tandecie politycznej". W Warszawie poleca swe usługi – rumuńska wróżka. Chyba jedynie ona wie: były przygotowania do puczu czy nie były? Jeśli były, to jak miał wyglądać w kwietniu stan wojenny? Koksowniki w wersji saturatorów, śnieg sprowadzany z najwyższych partii Tatr?

Aleksandra Zawłocka w „Expressie Wieczornym" stwierdza, że Macierewicz to „człowiek o spojrzeniu z damasceńskiej stali".

Z listu Jarosława Kaczyńskiego: „Ze zdziwieniem dowiedziałem się, że pan minister Parys po raz kolejny został odsunięty od pełnienia swoich obowiązków. Wielokrotnie ostrzegałem, iż droga ustępstw, jaką Pan obrał, prowadzi do praktycznej rezygnacji z realizowania podstawowych celów, jakie przyświecały nam w chwili powoływania rządu". Adresatem listu jest premier Jan Olszewski.

Wycieczka Niezłomnych z Londynu – prezydenciunio Kaczorowski, referenci z sanacyjnego MSZ-u, generałowa Andersowa złożyli kwiaty na grobie ministra Becka. Do mostu w Zaleszczykach niestety nie dojechali.

Powstają Komitety Obrony Ministra Parysa.

„Ktoś musi pracować" – rzecznik Gugulski mówiąc to, pokazał na premiera O.

Zanosi się na plajtę dziennika „Nowy Świat" – dziecka poczętego Elżbiety Isakiewicz i Piotra Wierzbickiego. W „N.Ś." ekonomii nauczał Kurowski, obyczajów – Niesiołowski, literatury – Trznadel.

Czas rycia w teczkach, zdeponowanych w MSW. W powietrzu unosi się agenturalność: w Łazienkach zdemaskowano drzewo, na którym siedzieli faceci, nagrywający premiera. Niestety, nie można było ich aresztować: pomarli z nudów.

Kto to wyprorokował: złość i szaleństwo mieszkają przez ścianę?

Jedno wprawia w osłupienie: zaufanie, jakie żywią lustratorzy do archiwaliów byłej policji politycznej. Akcja ministra Macierewicza i jego pomocnika (astronoma z zawodu) sprawia, że najwyżej ceni się znajomości w kręgach starej ubecji. Ubecy mogą przecież wystawiać świadectwa moralności: X z nami nie kolaborował, Ygrek nie był tajnym współpracownikiem. Jak tak dalej pójdzie, powstaną spółdzielnie ochrony już nie mienia, lecz imienia, w których znajdą zatrudnienie ułani z Rakowieckiej.

„Grzebać będziemy ryczałtem" – wróciła kwestia z *Mazepy*. Rząd mecenasa Olszewskiego sam się pogrzebał. I zaraz po nocnej mowie – Czyja Polska? – mecenas upadł, chociaż długo zapewniał, że kluczem do zrozumienia mechanizmu władzy jest zwrot: Ubeus ex machina (termin Jerzego Pomianowskiego). Skończyła się gorączka czerwcowej nocy (4 czerwca).

Windowany na premiera Waldemar Pawlak wygłasza exposé, lecz nie formuje rządu. Małomównego Pawlaka zastępuje odnaleziona w Londynie Hanna Suchocka. Prezes PSL-u może jedynie westchnąć: – Kiedy byłeś bańką mydlaną, nie skarż się, że ciebie wydmuchano.

Figaro 92 strzyże

(wykonywał Piotr Fronczewski)

Zapraszam na fotel. Dziś tylko u fryzjera trzeba zapraszać. Narzekają, że pensyjki marne, diety chude, przywileje żadne. No to powiedz pan – po cholerę tak się pchają do rządzenia? Żeby zbiednieć? W spółkach już im nie wolno być, lancie zdezelowane, volvo – pordzewiałe rzęchy, mercedesy po Jaruzelu, a te nowe wozy – cinquecento – wszystkiego dwie sztuki. Dla księdza Cybuli i rzecznika Drzycimskiego. Ale wyłącznie do poruszania się po Trójmieście. Ksiądz prałat Jankowski dopiero musi oczy wytrzeszczać, kiedy widzi, jak ksiądz Cybula jedzie za panem prezydentem tym maluchem po dekomunizacji. Kto wie, może to rzeczywiście odpowiedni model auta dla spowiedników? Wielkość konfesjonału.

Rozgadałem się, zamiast zapytać: – Jak strzyżemy? Na Parysa odradzam. To już lepiej od razu na zero. Na mecenasa od przełomu też nie polecam. Włosy stają dęba ze strachu przed rekomunizacją, nie chcą się układać. Ty łosz – a włosy – gou! I jak mam nadać im połysk żożoby? Pan szanowny wie, co to żożoba? Dzięcielina – owszem, wiem: – pała. Ale żożoba? Czy to zresztą jedyna rzecz, jakiej nie wiem... Chcieli nam skroić kurtę. Skończyło się na kaftanie bezpieczeństwa. Dla krojczych.

A pan – skąd właściwie? Nie z rządu aby? Tego, co był, tego, co jest, czy tego, co będzie? Przepraszam, jeśli nie poznałem. Zdjęcia w gazetach zamazane. Za to program partii i partyjek jasny. W sam raz do skandowania: Balcerowicz musiał odejść, Bielecki musiał odejść, Pawlak musiał odejść... Żebyśmy to jeszcze my mogli odejść.

Gdzie ja słyszałem: Polska to Disneyland. Tylko nikt jakoś nie chce kupować biletów... Nie, nie. Mnie obecny gabinet odpowiada, a co dopiero damskim fryzjerom. Pierwszy premier kobieta, nie baba! A jaki charakter: na śniadaniu w Belwederze, zaraz po mszy, odmówiła jedzenia mlecznej zupy! Pan prezydent namawiał, profesor Ziółkowski jadł, aż mu się uszy trzęsły, minister Wachowski poprosił o dolewkę – a ona grymasi. Musieli sprowadzić dla niej sałatę, bo pomidor już był.

Jedno mnie dziwi, że pani Suchocka niezamężna. No, ale są precedensy. Emilia Plater pozostała panną mimo roty strzelców zielonych. Ta rota pani premier zielona nie jest: niektórzy ministrowie powtarzają klasę – klasę polityczną, gdzie są stopnie z religii wystawiane przez etyka i stopnie ze sprawowania wystawiane przez katechetę.

Poprzedniej ekipy to myśmy nie lubieli. Co mógł zarobić fryzjer na ministrze Macierewiczu? Teczkę tajnego współpracownika. A teraz – proszę – rząd gładko wygolony. Brody schludne, wąsy dyskretne, włosy z przedziałkiem. Od Porozumienia Centrum... A jak ta władza pachnie! Azarro, Old Spice, Yardley, Egoist. A pan profesor Skubiszewski to nawet Paloma Picasso. Brylantynę też używają, chociaż powiem panu w zaufaniu: najlepiej piórka trzymały się na cukrze. Z buraków, nie z trzciny cukrowej. W tej trzcinie to tylko Castro brzmi. Dawniej podnosił słuchawkę i słyszał: – Kuba? – A jeżeli Kuba, to kto mówi? – I wtedy odzywał się głos spod kroplówki: – Lonia... – Jaki Lonia? – Breżniew... A teraz kto do Fidela zadzwoni? Za telefon też zalegał, odcięli. I po ptakach.

Pan nie kartograf czasem? To jest zawód na dzisiaj. Tyle nowych map do rysowania, tyle granic, tyle globusów do poprawek. Czecho–Słowacja. Pośrodku – powiedzmy, że myślnik. Bośnia, Hercegowina, Serbia, Chorwacja, Czarnogóra... Kocioł Bałkański znów pod parą. Dawniej strzelali do austriackiego arcyksięcia. Teraz wolą strzelać do siebie. I też trafiają. Budzę się, patrzę przez okno: nie ma Związku Radzieckiego! Przyjemnie pomyśleć. Czarnej dziurze, co po nim została, cały Zachód dzisiaj pomaga. Może byłoby lepiej, gdyby za te miliardy dolarów, które tam pchają, zbudowali im nareszcie komunizm?

Gorbiego mi żal. Jak mu nie wyjdzie z tymi odczytami w Ameryce – Raisa może zostać pierwszą damą w Stawropolu. Jedyna korzyść, kiedy w Stawropolu bywsza caryca wybierze się do fryzjera – nikt jej nie będzie podsłuchiwał. Bo w Moskwie – czytałem w „Wyborczej" – podsłuchiwało ją KGB. Raisa dysponowała: – Trwałą! A kagebowiec przy mikrofonie mruczał: – Ech, jaka tam ona będzie trwała... Ona powiada: – Mycie głowy! A na Łubiance przesłuchujący nagranie major dzwoni orderami: – Będziecie wy mieli mycie głowy, mierzawcy!

Pan antykomunista? Dawniej komuniści byli na Zachodzie, antykomuniści na Wschodzie. Teraz gdzie oni są – dokładnie nie wiadomo. Sądząc z wyznań, pamiętników, wspomnień i not biograficznych – mieliśmy już w latach siedemdziesiątych potężną partię antykomunistyczną. Trzy miliony antykomunistów, reformatorów, rewizjonistów, dysydentów... Że też taka zorganizowana struktura uchowała się w podziemiu – niepojęte!

Pan może sowietolog? Niczego sowietolodzy nie przewidzieli, ale zasługują na szacunek: to byli jedyni dobrowolni czytelnicy

„Prawdy". Nie przestaję myśleć o tym, co dzieje się w byłym imperium. Rosija Matuszka. Flaga w trzech koronach, orzeł dwugłowy, ikony zamiast portretów, pop zamiast sekretarza rajkomu. Carskie Sioło, Sankt Petersburg... A potem znowu przyjdą bolszewicy albo Mongołowie i spustoszą Świętą Ruś. O ile coś tam jeszcze zostało do spustoszenia. Miną wieki – zjawi się nowy Iwan Kalita i zacznie zbierać państewko do państewka, skrawek ziemi do spłachetka. I tak dojdzie aż do nas.

Co ja kraczę! Pan nie z kresów? Dawniej recytowało się: „Litwo, ojczyzno moja!". Niech ktoś teraz spróbuje. Jeżeli mieszka w Sołecznikach. Litwa... I ten drugi nasz sąsiad – Taras Bulba. Taras – można powiedzieć – widokowy. Widać Bieszczady i pół III RP. Przepraszam. Zebrało mi się na ciemny szowinizm. I to w momencie, kiedy w gazetach piszą, że UPA to była armia wyzwoleńcza. Ci od Własowa też, jak najbardziej. Przyszli do Warszawy, żeby ją wyzwolić. Od powstańców.

Pan nie szpieg czasem? Dawniej szpieg w polnych kamieniach drążył skrytki. Zostawiał w nich instrukcje dla agentów: ustalić, ile czołgów produkuje miesięcznie WSK Rzeszów, sprawdzić, jaka jest dzienna produkcja granatów w zakładach VIS. Dzisiaj szpieg może przyjechać do splajtowanych zakładów i kupić całą ich produkcję. Za nogi podejmą, w rękę pocałują, że chce wziąć nikomu niepotrzebny szmelc. Co u nas można wyszpiegować? Oficerowie zaprzyjaźnionej Bundeswehry łamią się opłatkiem w garnizonach z naszymi oficerami; sztabowcy – po akademii imienia Kutuzowa, tym naszym Ost Point – teraz na szkoleniu w West Point. Anglicy najpierw przysłali nam Radka Sikorskiego, a teraz przysyłają trzcinki dla wyższych szarży, żeby u nas było tak jak w ich koloniach. Ustalenie liczebności naszej armii? Dawniej szpiedzy wykradali z kin dane dotyczące frekwencji na filmach Poręby, Petelskiego i Wionczka. Ilu widzów – tylu żołnierzy. Zgadzało się co do szeregowca. Teraz szpiedzy liczą uczestników pielgrzymek w szyku zwartym do Częstochowy. Zgadza się – co do generała.

Pan nie z Belwederu, od pana Wachowskiego? U kogo on się strzyże... Tylko tego o nim nie wiemy. Pan prezydent ma do pana

Mietka słabość. Podobno za to, że odkrył tajne przejście z kaplicy w Belwederze do kabaretu Pod Egidą.

Pan prezydent... Ten to ma dopiero. Rozpoczął wojnę na górze, potem była wojna na dole, a teraz to już poniżej wszelkiego poziomu. Konstytucja za mała, basen za płytki... Nie jest łatwo być prezydentem trzydziestu ośmiu milionów obywateli. A co dopiero – trzydziestu ośmiu milionów prezydentów.

Senator Romaszewski o liście Macierewicza: „Gdyby chociaż jedna dziesiąta nazwisk z tej listy była prawdziwa – to jest sygnał niebezpieczny".

Mnożą się zapewnienia: Bolek to nie ubolek.

Partia X (Tymińskiego) występuje do Amerykanów z apelem, żeby nie oddali Polsce prochów Paderewskiego: wpadną one w brudne łapy czerwonych.

Coraz więcej memuarystyki. Najmniej piszą pisarze. Najwięcej aktorzy. Daniel Olbrychski opisał chrzest Magdy Umer. Wychowana w komuszej rodzinie piosenkarka przyjęła wodę chrztu dopiero w latach osiemdziesiątych. Chrzest przyjął się nad podziw. Umer to blondynka.

Głośno o salonie Małgorzaty Bocheńskiej. Żony Jana Parysa. Radek Sikorski wspomina w eseju, zamieszczonym w „Spectatorze", że Małgorzata B.-P. to „warszawska pani de Staël".

Fakt, w salonie pani de Staël bywał Buffon. Parysowa ma swoje pięć minut. Opowiada w magazynie dla pań: „Jan jest człowiekiem, dla którego Polska była na śniadanie, a nawet i kolację".

Żartowniś zauważyłby pewnie, że widać Parysowa niezbyt przykładała się do gotowania. Skoro w jadłospisie była tylko Polska i Polska.

Jak nazywa się rząd Suchockiej? Rząd Zgody Narodowej. Zgody z ZChN-em.

Odpłynęli gdzieś bohaterowie literaccy. Nikt już nie mówi o braciach Karamazow. Tylko o braciach Kaczyńskich.

W księgarniach powieść *Nasza patronka KGB* . Autor: Luigi Bisignani. Akcja rozgrywa się w Warszawie. Panienka z dobrego domu nazywa się Dmowska. Ktoś z rządu – Pieracki. Działacz „S" – Starzyk (pewnie ten z piosenki Śląska). Za to zbój z UB to Fukier. Jak na Włocha przystało, autora intryguje nie tylko aktywność międzynarodówki bezpieczniackiej, ale nadwiślański seks. Polskie dziewczę (Małgosia jej było): „Zawstydziła się, gdy poszukałem palcami różowego pączka ukrytego w rudych włosach". Byłby to pączek od Bliklego?

W „Kulturze" wypowiedzi literatów krajowych o kolegach, przecenionych na pisarskiej giełdzie.

Janusz Sławiński o Gałczyńskim: „...ta stara kokota, tandetnie wysztafirowana...".

Antoni Libera o Konwickim: „Pisarstwo nietrwałe, niegłębokie...".

Tomasz Burek o Mrożku: „Epigon".

Henryk Bereza o Miłoszu: „Sporadyczny poeta, mierny prozaik, biegły eseista, na Nobla może wystarczyć, na prawdziwą wielkość za mało...".

Tadeusz Nyczek o Andrzejewskim: „Mistrz – ale tylko literackiej i intelektualnej mimikry...".

Ogłoszenie w dzienniku: „Poseł Antoni Macierewicz poszukuje lokalu na biuro. Najchętniej pięć pokoi z telefonem w Śródmieściu".

Ile teczek zmieści się w pięciu klitkach, zważywszy na format posła?

Anna Wolska z Branickich o kandydacie na króla Polski, wyłonionym przez monarchistów: „To jakiś Kowalski, z którego zrobili księcia".

W „Kurierze Lubelskim" o zamordowaniu w Aninie małżeństwa Jaroszewiczów: „Dziś na byłym premierze wykonano wyrok, okrutny, ale być może sprawiedliwy... Spodziewam się, że zbrodni takich jak w Aninie będzie więcej. Byli prominenci niech się boją". Kto to mówi? Nauczycielka z podstawówki.

Billy Wilder opowiada, jak uczestniczył w Niemczech w pracach komisji denazyfikacyjnej. Rozpatrywano sprawę gestapowca, gwiazdora widowisk pasyjnych.

– Czy gestapowiec może grać Chrystusa? – zafrasował się przewodniczący komisji, kowboj z Teksasu.

– Może – wtrącił się Wilder. – Ale pod jednym warunkiem: gwoździe będą prawdziwe.

Atakujący (z prawa) rząd Suchockiej twierdzą, że jest on lewicowy. I zapowiadają powołanie Narodowego Funduszu do Walki z Lewicą.

Po Kabareciku Olgi Lipińskiej znany parlamentarzysta orzekł, że w kraju mahometańskim za podobne bluźnierstwa sprawczyni poderżnięto by gardło.

W telewizji pokazano erotyczny Biskupin, film *Emanuelle*. Zaraz odezwał się Jan Łopuszański: „Nie widziałem tego filmu, ale oglądałem fotosy. Protestuję przeciwko takim filmom w publicznej telewizji!".

Ukazuje się debiut Ireny Dziedzic – *Teraz ja* (REPORTER). Są to wspomnienia, napisane zgodnie z duchem czasu. Podobnie jak prezesów – gwiazda nie znała rządzących. Ani cara Mikołaja, ani Bieruta, ani Gomułki, ani Gierka. Z generałem Jaruzelskim kontakt ograniczył się do podania ręki. Nie była to jednak ręka pomocna. Wspominając swój największy sukces, Irena D. wymienia procesję księży zapraszanych do Tele-Echa. Oraz misjonarzy werbistów, służebnice pańskie i chór kleryków. Wychowana przez siostry felicjanki, gruntownie katechizowana pierwsza dama

TV urodziła się za wcześnie. „Owszem, liczyłam na «Solidarność» – pisze – liczyłam na ruch związkowy, nie będący przedłużeniem ramienia władzy. W sferze politycznej – liczyłam na opozycję". Rachuby zawiodły. Niemal od kołyski Irena D. była osobą prześladowaną. Przez komuchów, mniejszości seksualne (zazdrosne, że odziera gejów z kobiecości), mściwe babiszony – brzydactwa i pokurcze nie mogące darować jej urody i wdzięku, przez generała Moczara (ubrdał sobie, że Polka-katoliczka to Żydówka), przez Żydów (ci nie darowali gojce, że zbyt inteligentna), przez... „Nie było dnia – zauważa cierpiętnica – abym czyichś zębów nie musiała odrywać od mego gardła". Pomni stanu uzębienia rodaków – rozumiemy, jakim cudem Irenie Dziedzic udało się przeżyć.

Dotąd nie obsadzony resort kultury ma zostać podobno powierzony Zbigniewowi Klajnertowi (z Łodzi), specjaliście od lodowców i moreny dennej oraz przemianowywania ulic. W Warszawie mógłby dopiero rozwinąć skrzydła. Ministerstwo byłoby nie na Krakowskim, lecz Kakowskim Przedmieściu. Plac Bankowy stałby się placem Banku Ambrosiano, uliczkę Boya-Żeleńskiego przemianowałoby się na ojca Pirożyńskiego, a Moliera na Wojtyłę; jego sztuki ambitniejsze. Ministrem kultury może dziś zostać każdy. Byle z ZChN-u.

Z reportażu o Radomiu: najważniejszą postacią jest biskup. Rada Miejska obraduje w lokalu kurii diecezjalnej... Cała władza – Radom?

Uciszając tych, co w sprawie dopuszczalności aborcji ze względów społecznych domagali się referendum, Wałęsa oświadczył: – Sumienie to nie jest referendum. – Po czym dodał jeszcze: – Nie będę prezydentem, ale i nie podpiszę.

Na dworze prezydenta zwyżkowały akcje prywatnego spowiednika – księdza Cybuli. Jeździ on w składach oficjalnych delegacji. Budząc zakłopotanie odwiedzanych. Laicka ciemnota sprawiła, że nie mają spowiedników na państwowym garnuszku.

JAKIE RÓŻNICE PROGRAMOWE? BEZ PRZESADY...
Czeczot

Marszałek sejmu Wiesław Chrzanowski uczestniczył (jako marszałek) w obchodach ku czci NSZ-u. Dla równowagi objął patronat nad obchodami pięćdziesiątej rocznicy powstania w warszawskim getcie.

Na ekranach telewizorów serial *Panny i wdowy*. W roli panny na wydaniu (wydaniu ciężkiej forsy) wystąpił reżyser Janusz Zaorski. W roli wdowy po narodowych dramatach scenarzystka Maria Nurowska.

Skandal parlamentarny: o swojskich macho opowiada Marzena D.-Anastazja. Grając hrabiankę zadawała się z posłami. I teraz wystawia im cenzurki po łóżkowych egzaminach. W wypadku Anastazji nie ma mowy o mezaliansie, różnicach sfer i manier. Trudno grać madame Sans Gêne, awansowaną z praczki na księżnę, gdy przez cały czas akcja rozgrywa się w maglu.

Żona posła monologuje

(wykonywała Hanka Bielicka)

A nie mówiłam? Mój Bunio znowu na Wiejskiej! Księdzu proboszczowi nie wolno było uprawiać agitacji wyborczej, więc po sumie tylko rozdał karteczki z nazwiskiem. No i Bunio przeszedł jak burza. Teraz ma dietę poselską, kartę magnetyczną do głosowania, budżet i sekretarza. Ja jestem tym sekretarzem. Mógł senator Romaszewski zatrudnić żonę, to niby czemu Bunio miałby być gorszy?

Jako jego I sekretarz wyjmuję ze skrytki korespondencję i osobiście czuwam, żeby w tej Warszawie mój Bunio nie figlował w Hotelu Poselskim z panienkami, które wchodzą drzwiami, a wychodzą oknem. Prosto na reanimację. I potem poseł Soska musi tłumaczyć, że to była prowokacja. Erotyczna.

O, na Wiejskiej teraz przyjemniej niż za poprzedniej kadencji. Partii tyle, że zupełnie nie wiadomo – która siłą przewodnią. Kiedy na korytarzu spotyka się dwóch parlamentarzystów – to każdy z nich spluwa. Przed siebie. Z jednego pnia, nic dziwnego, że mają ze sobą na pieńku... Przed sejmem na trawniku, gdy coś leży – to albo problem, albo poseł z PSL-u. Za to marszałek Chrzanowski – siedzi. Jedni mówią, że przyzwyczaił się do siedzenia. Drudzy, że siedzi, bo zna koleżeństwo. Wstanie, a stołek – sru! – wyciągną spod niego. Albo mu teczkę podłożą.

Pięciu wicemarszałków... Każda z partii tworzących koalicję zasłużyła na wice. Ale tylko jeden zrobił sobie nazwisko. Córka zapewniła mu reklamę: „Monika, dziewczyna smażalnika"... Placków. Może rzeczywiście wicemarszałek okazał się zbyt surowy? Kiedy Swietłana zadała się z nieodpowiednim facetem – tatko Stalin zesłał amanta na Kołymę. Ale jego rodziców nie kazał wziąć do osobistej... Mówię o tym, bo życie polityczne stało się u nas życiem rodzinnym. Sławny zięć: Król. Sławna teściowa: madame Moczulska. Sławni bracia: Kaczyński z wąsem i Kaczyński z dąsem. Zaorski od ZOO i Zaorski od całej telewizyjnej menażerii. Sławni synowie: Bogusław i Przemysław. Sławni ojcowie – do niedawna ojcowie paulini. Teraz podobno ojcowie jezuici. Biorą ich do UOP-u, żeby pracowali na kierunku wschodnim. Podpiszą loyolkę i zaraz są na ten temat milczanowscy.

Życie parlamentarne? Raz ci wychodzą z sali, raz tamci. Że wychodzą – głupstwo. Gorzej, że wracają... Z frekwencją marnie. Quorum jedynie w bufecie. Nie było rady: zmieniono regulamin. Za nieobecność na sesji – potrąca się z diety. Zupełnie jak w sądzie – odsiadka z zamianą na grzywnę. Łaska boska, że marszałek nie wzywa na wywiadówkę rodziców! To byłby dopiero wstyd dla naszych zawodowych polityków. Dobrze mówię: prawie wszyscy posłowie przeszli na zawodowstwo. Możliwe są transfery między klubami, zmiany barw. O ile ktoś jeszcze ma barwę...

Rozłamy, podziały. Hall – a tak poczciwie mu z oczu patrzyło – założył własną partię. Czy komuś w ogóle mogło przyjść do głowy, że Unię Demokratyczną stać na ruchy – frakcyjne?

Pan prezydent w niekontraktowym nareszcie w loży. Ma się o co oprzeć. Po jednej stronie – spowiednik. Po drugiej – anioł stróż.

Z przewagą stróża. W loży rządowej – pani premier. Szykowna, elegancka. Kto wie – może byłoby lepiej, gdyby zmieniała częściej nie kreacje, lecz ministrów? Lustracja, aborcja, dekomunizacja... Nieważne, najważniejsze, że Bunio załapał się do trzech komisji. Nie pamiętam jakich, ale z szansą na wyjazdy. Jeśli ktoś chce poznać świat – taniej poznawać z sejmem niż z Orbisem. Nie ma takiej Sri Lanki czy innego Czadu, żeby parlamentarzysty tam nie zaprosili. W rewanżu przyjeżdżają do nas goście stamtąd. Wymieniać doświadczenia. W zeszłym tygodniu Bunio wymieniał z niekontraktowymi z Górnej Wolty. Opowiadali, że u nich jest bardzo ciekawy system emerytalny. Sadza się emeryta na drzewie. Potem się tym drzewem potrząsa. Żeby stwierdzić, czy emeryt się utrzyma.

Bunio chciał rozmawiać o tym pomyśle z Kuroniem, ale mu wyperswadowałam. Po pożarach mamy mniej drzew niż emerytów; Bunio tylko by się wygłupił.

Zauważyłam, że od tej Górnej Wolty wyraźnie zmarkotniał. Chce zostać – dyplomatą! Wyjechać na placówkę. Tłumaczę mu jak komu dobremu:

– Tak ci zależy, żeby mieć z tyłu tabliczkę CD, czyli corpus delicti? A jak na ciebie zrobią zamach? Albo, nie daj Boże, porwą cię dla okupu? MSZ nie zapłaci ani grosza, bo z czego? Ambasador w Waszyngtonie, kiedy chce kogoś podjąć, kupuje mu hot doga w kiosku. Albo pizzę Margeritę, bo najtańsza. Cała nasza służba dyplomatyczna ma jeden frak, który profesor Skubiszewski uszył sobie w Poznaniu w sierpniu 39 roku. Ten frak kurierzy dyplomatyczni wożą motorowerami po ambasadach, kiedy gdzieś szykuje się feta czy gala. Najważniejsze: zsynchronizować terminy, zdążyć z przesyłką... Żeby oszczędzić na papeterii, mamy tylko jeden list uwierzytelniający. Krąży po świecie: nazwy krajów, personalia królów i prezydentów wpisuje się za każdym razem inne. Albo taki fakt. Autentyczny, nie prasowy. Nasz ambasador w Kopenhadze, literat Sito (po angielsku Sajto) postanowił pokazać Dunom *Poloneza*. Nie, nie samochód polonez. To cudo już widzieli. Swoją sztukę *Polonez*, po małym przebiegu. Na wynajęcie teatru ambasadora nie było stać. No to premiera *Poloneza* odbyła się w holu ambasady. Sztuka kostiumowa – woźni i kierowcy zagrali role karmazynów, szyfrant był królem Stasiem, a kierowniczka stołówki zagrała carycę Katarzynę. Duńczycy do tej pory wspominają ten spektakl. A personel ambasady tak się przejął, że dalej mówi wierszem.

– Ty dyplomatą? Po moim trupie! – huknęłam na Bunia. Nie poskutkowało. Nadal chodzi smutny. Sama nie wiem, jak go przekonać, że najważniejsze – być popularnym tu, w kraju. Mieć – publicity. Poseł bez publicity to jak Piza bez krzywej wieży.

Nie ma rady. Muszę wepchnąć Bunia do Polskiego ZOO. Kij w dupę i do kukiełek! Dzisiaj dla polityka to największa kariera.

Jan Pietrzak przejmuje knajpy w Krakowie i Bytomiu. Staje się w ten sposób restauratorem polskiej rozrywki. Co lepiej wróży sałatkom niż kabaretowym programom.

Rymowanka, krążąca po Wiejskiej. Wtykana do przegródek poselskich. Nazywa się to *Alarm dla Polski*. Finał wierszyka:

Ale na alarm już biją dzwony,
Sygnały lecą do siół i miast,
Naród dostrzega żydowskie masony,
Zwycięży Polska, zwycięży Piast!

Przepraszam, a co z Rzepichą?

Rok 1993

Publiczność, młodzieżowa zwłaszcza, oklaskuje film *Psy* Pasikowskiego. Jedna ze scen to parodia pieśni o Janku Wiśniewskim, co padł, kpina z *Człowieka z żelaza*. Podoba się również kwestia: „Na pohybel czerwonym, na pohybel czarnym, na pohybel wszystkim!".

Ukazuje się książeczka *Konfidenci są wśród nas* – resztówka po materiałach ubeckich przechodzących przez ręce personelu Antoniego Macierewicza. Podobno dziełko jest debiutem (byłego już) rzecznika prasowego MSW Tomasza Tywonka. Czy warto znać przeszłość? Zanadto przypomina przyszłość.

Wzrasta zaufanie do materiałów z Moskwy. Nie znaleziono uchwały Biura Politycznego dotyczącej interwencji w Polsce w grudniu 81., więc interwencja nigdy by nie nastąpiła. Trudno oprzeć się wrażeniu, że dyskusje na ten temat są rozmowami zmarłych. Mieliby kogo opłakiwać nasi bardowie. Zgodnie z tradycją bawiący poza krajem. Dużo łez wycisnęliby z oczu publiczności polonijnej, śpiewając o narodowej tragedii i rozdając (odpłatnie) swoje fotki.

Przeor Jasnej Góry ojciec Jerzy Tomziński do dziennikarza „Ładu": „W Polsce klerykalizm? Bzdura! Moim zdaniem to problem został do nas importowany, widać zresztą gołym okiem, że ktoś bierze za to zupełnie niezłe pieniądze".

Przeor nawet oko ma gołe. A szubrawcy pławią się w dostatku. Może koła zbliżone do Antychrysta przysyłają im paczki?

Z przysłów

Gdyby Pan Bóg mieszkał w Dukli,
Toby szyby mu wytłukli.

Mecenas Wende o budowniczych kapitalizmu: „Mnie interesowałaby odpowiedź na pytanie, skąd wzięły się olbrzymie fortuny, które powstały w ostatnim czasie? Co wiadomo o pochodzeniu tych pieniędzy?... Większość tych gigantycznych fortun należy do tak zwanej lewicy, która oddała władzę polityczną, ale przejęła ekonomiczną".

Zwykle adwokaci nie wyręczali prokuratorów.

Spotkanie premierów Polski i Litwy odbyło się w klasztorze. Zdaje się, że na apel – „Ofelio, idź do klasztoru!" – odpowiedziała dopiero Suchocka.

Były Parys ujawnia, że Belweder naciskał na niego, by kupił od Ruskich głowice nuklearne. Głowic nie mamy: Parysowi w kuloodpornym berecie nie chciało się pójść na Stadion.

Jacek Kurski i Piotr Semka odpytali Ludzi Byłych. Efektem odpytywania stała się książka *Lewy czerwcowy*; o upadku gabinetu Olszewskiego. Kilka ocen: „Polska jest społeczeństwem postkomunistycznym, chłopskim, zastrachanym i biernym". To opinia Jarosława Kaczyńskiego. Natomiast Adam Glapiński stwierdza pogodnie, że Kiszczak, Czyrek, Rakowski, Barcikowski i Urban mieli „środki, które mogli odłożyć w bankach i nieruchomościach za granicą". Macierewicz jest liryczny: opowiada, że jego odejście z MSW opłakały sprzątaczki. Trudno dziwić się tym łzom: dołożono kobitkom roboty. Po ministrze i jego czeladce musiały posprzątać.

Zdanie nieczęsto ostatnio cytowanego Romana Bratnego: „Mnie do partii zapisał Churchill w Jałcie".

Prawicowa zadyma, rozpoczęta na placu Trzech Krzyży. Fraszki kolportowane wśród uczestników pochodu, idącego Alejami na Belweder:

I jeszcze Panie Boże spraw
Odejście postaci diabelskich.
By odszedł ten rzecznik praw
Nie polskich. Obywatelskich.

To o profesorze Tadeuszu Zielińskim.
Program „udecji" brzmi tak:

Jest najskrytszym naszym celem
Unia Polski z Izraelem.

Teraz wiadomo o kim:

Oj dolo, ty nasza dolo,
Na górze ciągle ten Bolo.

Transparent: Tel-Awizja.
Nie mylił się Lec: Po szumowinach poznać, co się smaży.

Książeczka. O Wachowskim. Autorzy – Inga Rosińska i Paweł Rabiej – pytają w tytule: *Kim pan jest, panie Wachowski?* Styl pracy Ingi i Pawełka: „Obserwację domu ministra rozpoczęliśmy już w lipcu... Obserwację prowadziliśmy z kilku punktów przy użyciu lornetki o parametrach 8x30". Wydawca (dowiedzieć się o tym można było z protestów autorów) oczyścił raport z pomówień o agenturalność, ubectwo, związki z KGB. Został właściwie tylko jeden przemawiający za tym fakcik. Uwaga Kaczyńskiego, że „Wachowski... ma niesamowitą wręcz odporność na alkohol, taką prawdziwie rosyjską...".

Termin: nadczłowieczek.

Na Wiejskiej będzie kaplica. Żeby Nowina-Konopczyna, Łopuszański, Niesiołowski mieli gdzie modlić się pod figurą. Na spędzie ZChN-u wicepremier Goryszewski oznajmia, że budujemy Polskę – „o której śnił Dmowski". Łatwiej budować Polskę ze snów Dmowskiego niż Żeromskiego. Jest to taka różnica, jak między snem o szpadzie i snem o szpadrynie.

Graną w Warszawie w Ateneum sztukę Janusza Głowackiego *Antygona w Nowym Jorku* atakuje balladzista Młynarski. Z paragrafu – obraza polskości. Jedna z postaci to Polak – „łach i szmondak". Jak potraktować serio taki zarzut? Czy po lekturze *Zbrodni i kary* czytelnik dochodzi do wniosku, że typowe dla rosyjskiego studenta było mordowanie staruszek siekierą?

O pewnym polityku: Wygląda jak nie wysadzona reduta Ordona.

Święto Wiosny stało się Dniem Wagarowicza.

Jan Purzycki (były wiceprezes z Woronicza) wydał książkę wspominkową. Urzędowanie dygnitarza: „Poprosiłem do siebie najładniejszą spikerkę, za łeb i do toyoty".

Program *BIG ZBIG SHOW* Zbigniewa Zamachowskiego powitał ryk oburzenia: Zamachowski sparodiował pieśń religijną, zaszargał świętości! Tego mu bogoojczyźniaki nie darują... Ciekawe: ostatnio najbardziej bulwersują ich piosenki. A to Kazik Staszewski, to znów Kukiz, śpiewający *ZChN zbliża się.*

Wałęsa we Wrocławiu: „Bóg mi to dał, że jestem prezydentem". Z Xięciem Pepim Pan B. miał mniejszy kłopot. Powierzył mu honor Polaków. I darowizna została zaraz zwrócona.

W naszych dziejach najnowszych jak w zatłoczonym autobusie – w tłumie postaci zdarzają się pasażerowie na gapę.

Muzeum Literatury na Rynku Starego Miasta. Wystawa poświęcona Tuwimowi. W gablotce list poety. Adresatem listu był Bierut. List jest odręczny, na podaniowym papierze, w linie. Bo też było to podanie: prośba o ułaskawienie skazanego NSZ-owca. Tuwim powołuje się na to, że ów młody człowiek ratował Adelę Tuwimową, matkę poety, w dniach Zagłady. Obok listu znalazło się kilka zdań komentarza twórców ekspozycji: zagrożony wyrokiem chłopak z lasu nigdy nie spieszył z pomocą matce Tuwima. Poeta wiedział o tym. Kłamał, by ocalić cudze życie. Kłamstwo polskiego poety, któremu ideolodzy NSZ-u odmawiali prawa do polskości... Symbol? Czego właściwie? Przecież Tuwim wiedział, że gdyby po powrocie do kraju znalazł się wśród pasażerów pociągu zatrzymanego przez oddział NSZ-u, nie przeżyłby tego spotkania.

Bagaż wydobyty z historycznej poczekalni nie ciąży liderom prawicowych partyjek. Odzyskali bagaż, bo kwity się zgadzały.

Na murach napisy: „Biała Siła". Mamy Białą Siłę także na eksport: emigrant z Polski Waluś zastrzelił w RPA Chrisa Hani.

Pomysł plakatu: United Collors of Beton.

Żarcik uliczny: przepis na wodę święconą – H_2O + ZChN.

Ukazały się *Wspomnienia* Moniki Żeromskiej. W nich taka historyjka. Mała Monika przystępuje do spowiedzi. Ksiądz pyta ją o lektury. – Zaczęłam czytać *Dzieje grzechu*. – Ależ dziecko – zirytował się spowiednik – skąd u ciebie w domu biorą się takie świńskie książki? – Tatuś je pisze...

Marek Jurek: „Dzieci bite są bardziej wrażliwe i mniej histeryczne"... Zapomniany kalambur Minkiewicza o podobnym wychowawcy: Makabrenko.

Wałęsa w Watykanie. Z prezydentem zabrało się osiemdziesiąt sześć osób. Jako obsługa medyczna profesor Jerzy Gil z dwoma synami. Tłumaczenie powodów masowości wycieczki: „Ta podróż nie kosztowała nikogo ani złotówki, bo samolot i tak by poleciał"... Do Watykanu nawet samoloty latają chętniej.

Definicja: Pokolenie Kolumpów.

Atrakcja Targów Książki: syn Berii. Syn jest otyły, czytaty i pisaty. Opowiada w telewizji, że jego papa Ławrentij nie miał nic wspólnego z Katyniem. Polskich oficerów wymordowała Armia Czerwona, żadne tam NKWD. Generał Anders był ulubionym gościem Ławrentija Pawłowicza. O mały włos gość byłby się zasiedział.

W Ursusie wschodzi gwiazda Zygmunta Wrzodaka. Wrzodak o najważniejszym problemie splajtowanego zakładu: „Bez dekomunizacji i lustracji nie może wszakże istnieć sprawnie funkcjonujące państwo".

28 maja upada rząd Suchockiej. Zdmuchnięty przez Alojza Pietrzyka, wnioskodawcę w imieniu „S". Rząd pewnie by nie upadł, ale w chwili głosowania jeden z ministrów zamknął się w klozecie; rozbolał go brzuszek.

Triumfujący Wałęsa rozwiązuje sejm jak krzyżówkę w „Przyjaciółce".

Rabin Joskowicz (długo by o nim) odkrył w Gołkowicach Dolnych źródełko koszernej wody. I teraz pobiera honoraria za wystawianie butelkom z tą wodą atestów koszerności. Podobno w knajpach przy uczęszczanych autostradach pojawiły się już schabowe koszerne. Popijane piwem koszernym Menora z gdańskiego browaru.

Wałęsa inicjuje powstanie BBWR – tym razem jest to Bezpartyjny Blok Wspierania Reform. I powiada skromnie w „Rzeczpospolitej": „Powiedziałem, że chcę poprawić w wielu wypadkach Piłsudskiego. I czy go przypadkiem nie poprawiam? Czy nie zauważacie, że też rozwiązałem parlament, ale w lepszym stylu?".

BBWR ulokował się w pawiloniku przy Łazienkach. Tam król Staś dopieszczał swoje faworyty. Ostatnio w pawiloniku mieściło się przedszkole. Przeprowadzono remont i modernizację lokalu. Trzeba było na przykład podwyższyć pisuary ze względu na Andrzeja Olechowskiego, który dawno już nie jest dzieckiem.

Trznadel (od *Hańby domowej*) o Kuroniu: „Ta jego kurtka dżinsowa, którą epatuje oficjalnie, czy nie jest z ducha mody skórzanych kurtek komisarzy?".

Trznadel, jak przystało na ideowego antykomucha, był w PZPR. Ale – „w celach wallenrodycznych". Stylista z tego Trz. wyborny. Pisze: „Jeżeli Maria Dąbrowska przed wojną żywiła szeroką niechęć do Ferdynanda Goetla, to..." itd. Że też ta „szeroka niechęć" przechodzi Trznadlowi przez wąskie gardło produkcji (literackiej), to cud.

Kampania wyborcza... Czas na *Sennik polityczny*. Interpretację obywatelskich snów.

Pismo „Miliarder" kupić –
Na zasiłek pójdziesz.

Kopułę sejmu zobaczyć –
Spodziewaj się rozwiązania.

Mecenasa Olszewskiego na mityngu spotkać –
Spodnie zaczną cię uwierać w kroku.

Berecik przymierzać –
Kup synkowi żołnierzyki, niech się bawi w Parysa!

Marka Jurka jako naczelnego „Playboya", Bobę jako dziewczynę miesiąca śnić –

Uważaj: jesteś homo sovieticus!

Wałęsą być –
Klapa.

Chrześcijanina, który połknął lwa, oglądać –
Zapiszesz się do ZChN-u.

Biznes: łowienie płotki na złoty haczyk.

Sejmu nie ma, rząd tylko administruje. Ale Suchocka i jej przyboczny Rokita przygotowali w tajemnicy konkordat. Naharował się też przy tym minister Skubiszewski:

Konkordat? Kompetencje
Ministra rozgranicz.
W elegancji – profesor.
W polityce – panicz.

Plakaty wyborcze. Na plakacie ascetyczna twarz Zbigniewa Romaszewskiego. Pod zdjęciem slogan: „Nie wszystko jeszcze zostało powiedziane". Fajna zachęta! Wybierzcie go: facet chce sobie pogadać!

Plakat KLD: „Milion nowych miejsc pracy". Właśnie ten plakat (rozmiary 3 na 4 metry) wyklejono na murze aresztu śledczego w Gdańsku przy ulicy Kurkowej.

Najambitniejszy pomysł wpadł do głowy agitatorom ZChN-u: będą telefonować do abonentów, wybranych z książki. Cała Polska czeka, by rozległ się dzwonek. W słuchawce anielski głos:

– Niech będzie pochwalony.

– Kto mówi?

– Nie poznaje pan? Ojczyzna!

– A skąd ty dzwonisz, Ojczyzno?

– Jak to skąd – z miejsca absolutnie apolitycznego i wolnego od propagandy wyborczej, zgodnie z zaleceniami episkopatu.

– Cudownie. A gdzie, proszę Ojczyzny, jest to miejsce?

– Jak to gdzie: w pałacu arcybiskupa Gocłowskiego!

Antykoncepcja

(Wyjaśnienie: Ojczyzna – tak nazwało się kilka partyjek prawicowych z ZChN-em na czele. Hasło wyborcze: „Najpierw Polska").

Zdzisław Najder w „Wyborczej":
„Kryptonim Zapalniczka rzeczywiście mi przypisano, ale nie pamiętam, żebym go sam kiedykolwiek używał. Nie wykluczam jednak, że zapomniałem".

Roztargnienie to typowa cecha naukowców i badaczy. Zapominalski conradysta trochę jednak pamięta. Ci z Rakowieckiej: „Wiedzieli, że jestem w trudnej sytuacji finansowej. Powiedzieli, że za poświęcony im czas należy mi się 1000 złotych. Czułem, że mnie w ten sposób sprawdzają, i przyjąłem. Z Anglii wszystko odesłałem".

Kiedy forsa wróciła do resortu, łapsy łapały się za kwadratowe głowy:

– Kto tu, kurde, kogo finansuje?

Chwila poezji: „...podziwiam piękno motyli na łące, czerwonych ważek i szarych koników polnych na piaszczystej śródleśnej ścieżce, kiedy spod nóg wylatują z furkotem skrzydeł trajkulki i trzyszcze".

Kto pisze tak pięknie? Stefan Niesiołowski w „Niedzieli".

Na ekranach *Uprowadzenie Agaty* Marka Piwowskiego. Film na motywach skandalu z córeczką wicemarszałka Kerna. Najzabawniejsza scena w tej komedii: strajk głodowy policjantów, pobitych przez bandziorów.

Po wystąpieniach hierarchy przeciwko kochającym inaczej Kinga Wiśniewska-Roszkowska pyta dramatycznie: „Do czego mają dążyć plemniki, które wypaczony popęd wprowadza do ciała mężczyzny?...". Wiadomo: mają dążyć do kryminału o zaostrzonym rygorze!

Salon masażu

(Klient, masażystka)

K Salon masażu to tu?

M Tu.

K Interesuje mnie masaż... To znaczy chciałbym...

M Jaki ma być: hawajski, polinezyjski, tybetański, starosądecki?...

K Hawajski.

M Pięćdziesiąt złotych. Płatne z góry.

K Ależ oczywiście. Proszę.

M (oglądając) Ta pięćdziesiątka aby nie fałszywa?

K Skąd, proszę pani. Wziąłem od żony.

M Nie jestem ciekawa, od kogo. No to możemy zaczynać.

K Nie rozbierze się pani?

M Zimno, od okna ciągnie. Chce pan koniecznie, żebym się przeziębiła?

K Boże broń. Wydawało mi się tylko, że...

M Pan może się rozebrać. Mnie to nie przeszkadza.

K Ale...

M Niech się pan nie wstydzi. Krótkowidz jestem. Może się pan rozebrać, może nie rozbierać. Bez różnicy.

K Gdybym się nie rozebrał, będzie mnie pani masować przez marynarkę?

M Kochany, po hawajsku to ja nawet przez jesionkę na watolinie mogę. Kładzie się pan?

K Gdzie? Ta kanapa jest za wąska.

M Grymaśnik. Kanapa nie jest wąska, to pan za tęgi. Ale nie ma obawy, nie spadnie pan. Jakby co – docisnę.

K Dociśnie mnie pani... (kładzie się i zaraz zrywa). Jasna cholera! Sprężyna wylazła. O, tutaj. Widzi pani.

M Uprzedzałam: krótkowidz jestem... Ach, o tę sprężynę panu się rozchodzi. To przez takiego jednego gościa, co tu był w zeszłym tygodniu. Tak skakał jak kózka w bajce, co złamała nóżkę.

K Chce pani powiedzieć, że złamał nogę?
M Zaraz złamał: zwichnął. A krzyku narobił, że aż sądziedzi zaczęli stukać w ścianę. Wył jak potępieniec.
K Bardzo mnie pani wystraszyła tą historią.
M A czego tu się bać? Przecież nie umarł. A gdyby nawet. Umrzeć młodo, to na starość jak znalazł. Zawsze to powtarzam. On wył, a ja dalej masowałam. Rękę mam, co tu gadać – ciętą.
K Nie przerwała pani? Ostatecznie noga...
M Już taka jestem: co zacznę, to skończę. Kiedy wezmę się do prasowania, to prasuję. Kiedy sprzątam – to sprzątam. Kiedy piorę – to piorę, choćby się waliło i paliło.
K Paliło się? Co mi pani...
M Widzi pan: firanka nadpalona. Jakieś zwarcie – swąd, dym. Ale masowałam dalej. Skoro klient zapłacił za usługę półgodzinną, musiałam swoje odpracować, póki nie zadzwonił minutnik.
K Co to jest? Dlaczego pani włączyła radio.
M Bo ja zawsze słucham mamy i radia Zet. Kiedyś wygrałam u nich koszulkę. Podałam prawidłową odpowiedź, ile pieniędzy jest w kuferku. Koszulka zbiegła się w praniu, więc dałam ją mężowi. Nosi do dzisiaj pod sweter.
K Wie pani... Jakoś nie mam dzisiaj nastroju. Może zrezygnujemy...
M A to już jak pan sobie życzy. (Radio milknie).
K Ale ja nie tylko z radia chcę zrezygnować... Masaż hawajski... Jakoś przestało mnie to bawić.
M Co pan powie...
K Właśnie to powiedziałem. Rezygnuję z masażu. I poproszę o zwrot pieniędzy.
M O czym pan mówi?
K Przecież do niczego nie doszło.
M Bo pan się wycofał. Towar dotknięty uważa się za sprzedany.
K Jak to pani wytłumaczyć... Otóż wyobrażałem to sobie zupełnie inaczej.

M Inaczej! A czy to moja wina, że z pana erotoman? To jest porządny dom, a nie jakiś za przeproszeniem...

K Mimo to poproszę o zwrot pieniędzy.

M (woła) Franuś, chodź no tu! (do K popychając go ku drzwiom) Niech pan już idzie, dobrze radzę. Murowany gips. I dłuższy pobyt na urazówce.

K Pani mąż... mąż pani jest również masażystą?

M Na bezrobociu jest. Ale jego masażu naprawdę panu nie polecam.

(K wybiega).

M Hawajów mu się zachciało! A co to, czy ja prowadzę biuro podróży?

Na kościelnym dokumencie – odnowieniu ślubów Jana Kazimierza – złożyła podpis Hanna Suchocka. Zawierając w ten sposób układ o przyjaźni i wzajemnej pomocy z Niebem.

Do muzyki przyszłości nie warto już dziś tańczyć.

Hasło Unii Pracy: „Po pierwsze człowiek".
Ale dlaczego brodaty, dziwnie podobny do Bugaja?

Słyszy się i czyta bez przerwy o postkomunistach. Określenie to nie wywołuje jednak skojarzeń z bolszewikiem z nożem w zębach i ukradzioną łyżką za cholewą. Słyszący o postkomunistach najczęściej przypominają sobie krewnego czy znajomka, który należał, płacił składki, wykonywał rytualne gesty aprobaty i potępienia. Realny socjalizm, „realniak", nie był idyllą. Ale to przecież album rodzinny milionów. Nawet prymas Glemp gawędził ze swym bratem, aktywistą PZPR. Gdzieś, na prowincji. Bo partia była w istocie swej prowincjonalna. Ani internacjonalistyczna, ani naznaczona piętnem doktryny.

Karty z historii najnowszej zaświadczają, ile było w niej endeckiego widzenia świata, ile stereotypów z wieków ciemnych, ile mieszczańskiej pruderii i lęku przed Europą. Nie tyle swobód obywatelskich, co wolności obyczajowej.

Plakat: „Jan Parys – 43 lata skromności".

Wybory 19 września: zwycięstwo SLD i hasła: „Masz serce po lewej stronie". Sukces PSL występującego z hasłem: „Potrzebny jest gospodarz". Skłócona i podzielona prawica poza parlamentem. Wernyhorrorki wieszczą katastrofę – kartki, ocet na półkach, powrót sił „starego porządku". Tytuł w popularnym dzienniku: „Czas się cofa!". Taki fason: gani się ranek przed wieczorem. Zapominając o przysłowiu: nigdy nie je się tak gorąco, jak się gotuje.

Nostalgiczne tango

1

A kiedy tonął Titanic
I fale zmyły już łódki,
Kapitan mówił: „Bez panik,
Nasz kurs jest dobry, choć krótki".

Nostalgiczne tango
Od Tatr wiatr niesie aż po Hel.
Nostalgiczne tango –
To śni się ci się PRL!
Jak dna morskiego algi
Czepia się pamięć scen i słów,
Nutą nostalgii
Wraca znów –
Mlekiem i miodem kraj płynący,
Robotnik, chłop, półinteligent pracujący,
Rząd mądrych głów.

Nostalgiczne tango –
Nostalgia jest domeną tang.
Jak tu nie westchnąć:
Wtedy był tylko jeden gang...

2

Gdy na dno szła Atlantyda
I jej mieszkańców problemy
Bulgocząc, okrzyk ktoś wydał:
„My się od dna odbijemy!”.

Nostalgiczne tango
Od Tatr wiatr niesie aż po Hel.
Nostalgiczne tango –
Gdzie się podziała PRL.
Marzeń wzlatuje balon
Lecąc do tamtych lat i dni.
Wybraniec – talon
Miał na sny.
Czekał w kolejce tłum szczęśliwy.
„Co dają dziś?” „Dają wspaniałe perspektywy,
Na kartki – łzy”...

Nostalgiczne tango –
Nostalgii tej wyraźny cel:
Miej Boga w sercu,
Zwróć nam, komuno, PRL!

Życiorysy znowu idą masowo do korekty.

Krzysztof Zanussi oznajmił włoskiemu dziennikowi, że na wieść o wyniku wyborów zrezygnował z nakręcenia komedii satyrycznej o naszych nowobogackich. Powód? Jako przodownicy kapitalizmu będą teraz prześladowani... Wizja krzywdzonych przez lewicę biznesmenów – Gawronika, Grabka, Gudzowatego, Praśniewskiego – każe już dziś gromadzić opakowania na paczki, przekazywane im do tiurmy.

„Gazeta Polska” ujawniła przyczynę poddawania w wątpliwość autentyczności obrazów z kolekcji papieskiej znanego filantropa

Porczyńskiego (przepadł w wyborach na senatora). Otóż Porczyński opracował rewelacyjne paliwo do rakiet. Miał za to dostać Nobla, ale nie dostał. Pewnie załapałby się na tę nagrodę, lecz nie chciał udostępnić patentu na paliwo Sowietom. No i teraz sowieckie pachołki piszą, że chluba jego zbiorów udaje El Greca.

Na czele rządu – Waldemar Pawlak. Rychło przezwany Portretem Pamięciowym.

W Warszawie występowali izraelscy artyści – Lea Koenig i Zvi Stolper. Żarty, opowiadane przez Stolpera:

Waszyngton. Z Departamentu Stanu wychodzi zagraniczna delegacja. Do jednego z jej członków przeciska się malowniczy żebrak. Wyciąga rękę. Po sekundzie trzyma w niej dolara.

– Ty nie jesteś Amerykaninem – szepcze.

– Jak na to wpadłeś? – pyta członek delegacji.

– Amerykanin nie daje nigdy całego dolara. Kim jesteś?

– Izraelczykiem, prowadzącym rokowania w sprawach gospodarczych.

– Zabierz tego dolara z powrotem! Ja nigdy nie żebrzę u konkurencji...

Chłopczyk wyciąga na brzeg podtopionego mężczyznę. Ten po masażu klatki piersiowej wydaje z siebie bulgot:

– Uratowałeś mi życie. Muszę ci się jakoś odwdzięczyć. Jestem ministrem finansów.

Chłopiec blednie.

– Błagam, niech pan nie mówi, że to ja uratowałem mu życie, bo rodzice mnie zabiją!

Uczony mąż czyta werset *Księgi*: „Wiedza jest cenniejsza od bogactwa". Odkłada *Księgę*. Wzdycha:

– Daj nam, Panie, wszystkim wiedzę Rotszylda...

Z tego samego cyklu przysłowie: „Śmiej się przed ludźmi, rozpaczaj przed Bogiem".

POMNIK
WDZIĘCZNOŚCI

Manifestacja w dniu 11 listopada. Hasełka: Precz z czerwoną Targowicą! Miller do Moskwy! Jaruzelski do więzienia! Precz z Wałęsą! Pawlak do gnoju!

Zapomniałem... W Krakowie i Wrocławiu skandowano jeszcze: Precz z Żydami i Niemcami!

Antysemityzm bez Żydów, antykomunizm bez komunistów...

Bystrooka i doinformowana profesor Staniszkis ostrzega: – Dzisiejsza Polska jest państwem jak korytarz, państwem stanu przejściowego. Niejasny jest jej początek i niejasny kształt ostateczny. 19 września powróciła do poprzedniego kształtu. W jakimś sensie wróciliśmy do PRL, z którego naprawdę nigdy nie wyszliśmy.

Korytarzem jesteśmy, przedpokojem KGB. I po co prezydenciunio Kaczorowski wręczał insygnia, po co awansowano biskupa Głódzia na generała dywizji, po co jednoczą się pod wspólnym sztandarem Chrzanowski i Kaczyński? Czy nie prościej powiedzieć, jak pewien gagatek nakłaniany do małżeństwa:

– Nie biorę ślubu, bo nie wiem, czy będzie stać mnie na rozwód.

Zawód: dekorator ludzkich wnętrz.

Jan Maria Rokita, szef URM-u (za Suchockiej), występuje z inicjatywą założenia Unii Dulskich. To znaczy partii tradycyjnie mieszczańskiej... Miła to wizja: Dulska podnajmuje lokalik Agencji Towarzyskiej – byle panienki zachowywały się cicho i rzucały na tacę, Felicjan maszeruje w stronę Kopca, Hesia i Mela sypią kwiatki podczas świąt kościelno-państwowych. I tylko głupia Hanka leci z brzuchem i płaczem – do Labudy.

W „Gazecie Polskiej" esej Piotra Wierzbickiego *Czy nie lubimy Żydów*. Do Żydów zaliczono tam Berię. Z pogromu ocalał natomiast Jankiel: „Żyd Jankiel, gdyby żył w czasach nowszych, nie wstąpiłby do KPP i nie zakładał w 1945 roku UB". Skąd wziął się ten sentyment Piotra W. do Jankiela? Ze względu na cymbały?

Kolęda 93

Nowy Rok wkrótce weźmie schedę,
Drżąc jak oblany zimnym tuszem...
I tylko z dala, gdzie Belweder,
Jęk słychać:
– Nie chcem, lecz komuszem!

Rok 1994

Marek Kondrat w Zetce: popularny i lubiany aktor chciałby dostać prezent – ogromną kołdrę. Czasem tylko odgarniałby ją, aby zerknąć, co tam słychać w kraju.

W TV Walendziak i jego pampersi. Przesiadujący najpierw z plecaczkami przed drzwiami gabinetów, by rychło do nich wkroczyć. Jako wysokopłatni fachowcy od mediów. Apolityczni, obiektywni, bezstronni. Hucpa? Co znaczy to prasłowiańskie słowo? Leo Rosten uczy, że z hucpą mamy do czynienia wówczas, gdy przed sądem staje typek oskarżony o zabicie tatusia i mamusi. I w pierwszych słowach stwierdza: – Jestem sierotą!

Relacja profesora UW: – Zdający na historię maturzysta opowiadał komisji o kardynale Gierku.

Raport NIK-u: „PRiTV dużo zarabiało i dużo marnotrawiło. Dopłacało nawet do swoich świń – Radiokomitet wydzierżawił swoją tuczarnię trzody chlewnej za 70 milionów złotych rocznie, a jednocześnie płacił za utrzymanie budynku podatek gruntowy i amortyzację 105 milionów złotych na rok".

Nawet świnie mieli deficytowe! Nie warto się wkurzać: nie samym chlewem człowiek żyje.

Siedziba partii Moczulskiego i Zięcia. Od strony Jerozolimskich tablica – KPN. Obok niej druga – Klinika antyków.

Wypowiedź Joanny Szczepkowskiej: „Komuniści pozbawieni komuny to bardzo interesujące zjawisko. Dawniej obejmując wysokie stanowiska dostawali tak zwanej gęby, rosły im wielkie czerwone twarze od radosnej twórczości władzy. A teraz trzeba coś udowodnić, trzeba się mocno uharować. I chudną, siwieją".

Nareszcie ktoś docenił rygoryzm diety Aleksandra Kwaśniewskiego, śladową, lecz godną siwiznę marszałka Oleksego.

Wśród uczestników manifestacji zwołanej w stolicy przez Mariana Krzaklewskiego pojawił się duch Marksa. Ojczulek Marks ogromnie był dumny, że dzięki „S" ma szansę spełnić się jego proroctwo: Wielkoprzemysłowa klasa robotnicza stanie się grabarzem kapitalizmu.

Marszałek Oleksy odwiedził Jasną Górę. Pod okiem kamer runął na kolana, z rozmodloną miną. Niech wie prawica, co robi lewica: klęczy.

Historyjka ze sfer. Po moralnej odnowie wraca do domu postkomunista. Już od progu woła do żony:

– Wiesz, z kim ja dziś śpiewałem *Kiedy ranne wstają zorze*?

– Nie jestem ciekawa – odpowiada żona. Jak to żona.

Zreformowany i nawrócony puka do drzwi dziadka:

– Słuchaj, kiedy z księdzem proboszczem wychodziłem z fary...

– Nie zawracaj mi głowy – mruczy dziadek, oglądający pornosa.

Przywrócony na łono Kościoła chce podzielić się dobrą nowiną z nastoletnią córką:

– Powiadam ci, co za błogość mnie ogarnęła, kiedy położyłem na tacę...

– Tatko, nie marudź! – córka zatrzasnęła mu drzwi przed nosem. – Nie widzisz, że Jasio powtarza ze mną materiał?

Odprawiony z kwitkiem, zamknął się w pokoju. Zmarszczył mądre czoło i pomyślał:

– Cholera, minęło pięć minut, a ja już zdążyłem znielubieć troje komuchów!

Setna rocznica urodzin Jarosława Iwaszkiewicza. W „Wyborczej" pisze Helena Zaworska: „Wprawdzie ostatnio skreślono Iwaszkiewicza z obowiązkowych lektur szkolnych, ale to może być właśnie zachętą do sięgnięcia po owoc nie nakazany".

Jest to argument. Dobrze byłoby jednak wiedzieć, kto skreślił z lektur pisarza, powodowany troską o jego poczytność.

Początek likwidacji RWE. Alina Grabowska wróci do kraju. I nikt już jej nie zagłuszy.

Pampersi wygrywają konkursy na dyrektorskie stanowiska w TV. Pokonkursowy szef TAI zwierza się, że ulegnie zmianie godzina nadawania Wiadomości. Dlaczego? 19.30 źle się kojarzy: „Jest to symbol tamtych czasów".

Czy – w tych czasach – nie należałoby pomyśleć o zmianie kalendarza? I pór roku też? One z tamtych czasów. Mówiono przecież, że polskie plagi to wiosna, lato, jesień, zima.

Lech Wałęsa wprowadza się do Namiestnikowskiego, po remoncie. Musiało dojść do przeprowadzki: gnieździł się w klitkach Belwederu jako sublokator Piłsudskiego. Teraz będzie miał gabinet z kominkiem, kaplicę na wysoki połysk, złote kurki w łazience, wannę o rozmiarach boiska.

Wanienko, wanienko,
Cóżeś ty za pani?
Że o tobie piszą,
Że o tobie piszą –
Pomysł był do bani...

Wanienko, wanienko,
Za milionów setkę.
Kąpie się prezydent,
Kąpie się prezydent,
Gada z panem Mnietkiem...

Mamy już zarejestrowanych oficjalnie 238 partii. Wśród nich Kongres Eskimosów Polskich... Polska Lodowa?

Radio Maryja, założone przez ojca Rydzyka, coraz aktywniejsze. Jedna z opowiastek jego twórcy: „Byłem z grupami Niemców dziesięć razy w Medjugorie, za radą biskupa ordynariusza z Augsburga. Zobaczyłem, jak oni się nawrócili! Młody człowiek, pilot Lufthansy, mówił mi po takim nawróceniu: Ojcze, jaką krzywdę mi zrobili! – a intensywne życie seksualne zaczął prawie w dzieciństwie. – Ojciec nie wie, jakie to powoduje spustoszenie".

Bywają arki gorsze od Potopu.

Strajki, zadymy organizowane przez pannę „S", która znalazła nowych opiekunów. Plotka powiada, że lider Marian Krzaklewski zapuszcza wąsy wzorem swego poprzednika. Żeby straszyć rząd.

Profesor Tomasz Strzembosz zapowiada powstanie sieci Klubów Myśli Patriotycznej... Poszukiwania trwają. Jak znajdą myśl, to doprowadzą.

Pan prezydent bawiąc w Delhi zwierzył się gospodarzom, że jest uczniem Gandhiego. Mahatma, jak pamiętamy, był wyznawcą trzech zasad: ahinsy – czyli życzliwości, satji – życia w prawdzie i brahmaczariji – ascezy. Wszystko się zgadza.

Powszechna parafraza tytułu filmu Spielberga, nawiązująca do naszych realiów – Lista Szwindlera.

Z życzeń Wielkanocnych prymasa Glempa dla „Gazety Polskiej”: „...Życzę, aby została zachowana rodzina czysta, bez dewiacji, proponowanych dzisiaj nawet w dziedzinie ustawodawczej”.

Joanna Siedlecka zlustrowała Jerzego Kosińskiego w książeczce *Czarny ptasior.* Największa pretensja autorki: parszywiec przeżył! No, ale co się odwlecze... Spotkała go kara Boża i marnie skończył.

Warszawska ulica. Furgonetka. Napis na szoferce: „Tylko d... mnie zatrzyma!”.

Dramaturgia polskiej polityki jest dramaturgią kłótni. Zawsze jakiś mur graniczny majaczy w tle. Zawsze jakiś Papkin wspomina minione przewagi. Zawsze jakiś księżulo czeka już w kaplicy. A poczciwy Dyndalski pisze pod dyktando. Ale na dowolny temat.

Aktualność przysłowia: Nie można potępiać kart, wybaczając szulerom.

Z monologu znanego aktora: – Ja wcale nie jestem antysemitą, tylko dlaczego ten skrzypek stale tupie mi nad głową?

Współpracownik „Arki”, absolwent KUL-u, Wiesław Paweł Szymański doprowadził do wydania zbioru swoich esejów pt. *Uroki dworu.* Tytuł trafny: z pomyjami zawsze chodziło się na dwór. Odkrycie eseisty: w PRL-u najgorszą swołoczą był inteligentny komuch. Natomiast Maria Dąbrowska prowadziła „bardzo nieuporządkowane życie erotyczne”, więc „fałszywie rozeznawała historię”. Nie było większego zagrożenia dla wartości niż śmiech totalny, śmiech destrukcyjny (Gałczyński, Piwnica pod Baranami). Jaczejką bolszewicką był „Przekrój” Eilego. Pierwszy polski opozycjonista to hrabia August Bęc-Walski. Wiesław Paweł Sz. uważa, że polscy monarchiści winni nadać Bęc-Walskiemu tytuł książęcy.

Strajk w poznańskim zoo. Oflagowany pyton wysyczał kilkanaście postulatów. Antylopa wyznała, że zawsze była anty. Słoń zagroził, że wywiezie dyrektora na związkowej trąbie. Łamistrajkiem był jedynie pawian. Wiele wskazuje na to, że pochodzi od tej samej małpy, co Leszek Miller.

Związek Mariana Krzaklewskiego pokazuje na ulicach, że żyje i dycha. A do sprawowania władzy najodpowiedniejsze są kucharcie ze związkowej stołówki.

Temat maturalny. Myśl Jana Pawła II: „Człowiek coraz bardziej bytuje w lęku".

Maj, inwazja komarów. Rządzi koalicja SLD–PSL – nastał więc czas idealny dla krwiopijców. Ale słyszy się także opinie, że są to komary koszerne, w zminiaturyzowanych jarmułkach, podesłane przez Fundusz Walutowy, Sachsa i jego szajkę.

Skandal z wyjazdem kombatantów pod Monte Cassino. Nie jest co prawda jasne, czy wszyscy uczestnicy bitwy musieli znaleźć się na łące przed klasztorem, gdzie trudno było o dobre miejsce. Natomiast chyba powinno znaleźć się dla nich to dobre miejsce na łące życia. Zwykłego życia. Bez kamer i rocznicowych gali.

Premier Pawlak z żoną i dziatkami w rzymskiej klinice u łoża papieża. Tradycja. Premier Mazowiecki wybrał się do papieża z synami. Premierzyca Suchocka – z siostrą, chociaż pewnie wolałaby z konkordatem.

Autobusowa wycieczka sympatyków przewodniczącego „S" do Warszawy. Przed URM-em przewodniczący osobiście skanduje na użytek mediów: „Pusta cela dla Millera"! A pusta główka – dla kogo?

Coraz popularniejszy w Polsce izraelski humorysta Efraim Kishon przypomina: „W państwie totalitarnym mniejszość rządzi większością, nie troszcząc się o opinię społeczeństwa. Natomiast w demokracji panująca mniejszość z całą powagą przyjmuje do wiadomości opinię publiczną, nie dbając o nią wcale".

Wałęsa powiada, że powinien nas wodzić tak długo po pustyni, aż wymrą pokolenia zainfekowane komuną. Trudno będzie. Mamy tylko Pustynię Błędowską. Za dużo narodu, za mało piasku. Z Mojżeszem również kłopot. Pan prezydent mówi jak z nut. Mojżesz był jąkałą. Podobno po latach łażenia po pustyni krnąbrny ludek zadał mu pytanie:

– Szefie, dokąd mamy iść?

– Do Ka... Ka...

No to poszli do Kanaan. A Mojżesz chciał im poradzić, żeby poszli do Kalifornii.

Na Stanisława Cioska, ambasadora w Moskwie, znaleziono teczkę w archiwach STASI. Agent enerdowski raportuje, że Ciosek nawoływał do interwencji sojuszniczej w 81. O Ciosku, dziś totumfackim Wałęsy, można myśleć różnie. Z pewnością jednak nie zdradzał nigdy skłonności samobójczych. O jakiej karierze mógłby marzyć po wkroczeniu ktoś odpowiedzialny za dogadywanie się z „Solidarnością"? Starszego celi z prawem do wypiski?

Clinton w Warszawie. Pobiegał sobie w Łazienkach. Doczekał się recenzji w prawicowym tygodniku. Że taki z niego antykomuch jak Michnik, a Hillary C. to amerykańska Labuda.

Kiedy pod kuchnią pali się słomą – je się zawsze zimne dania.

Prezydencki członek rady do spraw radyjka i telewizorni, profesor KUL-u Ryszard Bender, przejechał się do RPA. Wycieczkę sfinansował mu Film-Net, szykujący się do wejścia na nasz rynek mediów. Bender dekoderem tej sieci?

Była minister kultury, była prezeska fundacji mającej wspierać twórców (w rzeczywistości fundacja wsparła interesy mętnych biznesmenów), Izabella Cywińska zapowiada widowisko ku czci powstania warszawskiego. Zacznie się to od włazu na placu Krasińskich. Z włazu wynurzy się powstaniec. Podbiegnie do pokrytej rdzą okazałej kuli. Położy na niej dłoń. I wtedy w kuli rozjarzy się – serce. Jego bicie ożywi chóry, które zaczną zawodzić i kląskać, stojąc wokół trzech roztrzaskanych fortepianów.

Koszt widowiska – 4 miliardy złotych. Zdaje się, że przygotowanie prawdziwego powstania kosztowało mniej.

Fala upałów. (Nadupał – termin Antoniego Słonimskiego). Dużo generała Głódzia, ozdoby patriotycznych festynów.

Na początku była Chuć.
Potem Głódź...
Wróć!

Mafia pobiera haracze na Starym Mieście. Tylko patrzeć, jak król Zygmunt na pomniku pomyśli o zamianie pałasza na kałasza.

Na Starym Mieście
Przy wodotrysku
Zbiera się mafia
Spragniona zysków.
Mafia? Skąd! Mówić
Tak nie wypada...
Gdzie jest policja?
Zeszła na Dziada.

Według OBOP-u 56 procent obywateli III RP nie przeczytało w tym roku żadnej książki.

Ukazały się wspominki wodza bojówek Bola Piaseckiego – Zygmunta Przetakiewicza. Tytuł: *Od ONR-u do Paxu*... I z powrotem?

Henryk Goryszewski (Kobra) został szefem prezydenckiego Biura Bezpieczeństwa Narodowego. Wzruszony nominacją zaszemrał, że odczytuje to „jako próbę zaoferowania pewnej platformy dla prawicy".

Człowiek platforma, człowiek rolwaga.

Reżyser Bugajski (*Przesłuchanie*) o sobie i kolegach: „Choć wielu z nas było antyklerykałami lub ateistami, musieliśmy ukrywać w filmach nasze prawdziwe przekonania, aby nie dostarczyć amunicji reżymowi. W naszych filmach księża z reguły byli mądrzy, szlachetni, oddani sprawie wolności".

W Częstochowie ojciec przeor potępił wystawienie montażu ze *Słówek* Boya w miejskim teatrze... Niełatwo być dziś Boyfriendem.

Alarm w „Niedzieli" – na bajce *Jaś i Małgosia* dzieciaki solidaryzują się z Babą-Jagą, nie zaś z pozytywnymi bohaterami. Czy nie da się tego naprawić?

Baba-Jaga na cmentarzu
O komuszym długim stażu.
Przyszedł Duch,
Babę w brzuch.
Przykład z niego weź, gówniarzu!

Teresa Torańska (autorka książek o elitach) w paryskiej „Kulturze": „Od ONYCH przejęliśmy przeświadczenie, że obraz świata malowany jest tylko w dwóch kolorach".

O nabożności na pokaz Arabowie mówią: Jeśli twój sąsiad pielgrzymował raz do Mekki – szanuj go. Jeśli dwa razy – uważaj. Jeśli trzy – bądź ostrożny. Jeśli cztery – wiej!

Kampania prezydencka. Wałęsa w „Spieglu": „Nikt nie zrobił dla Polski tyle co ja. Nie potrzebujemy właściwie żadnej walki wyborczej. Wystarczy spisać to, co już uczyniłem, a czego nie...".

Figaro 94

– Przepraszam, jeżeli nie poznałem. Pan może z rządu? Ja na obecny rząd nie narzekam. Jak w 44 roku zapowiedziano, że rząd ma być chłopsko-robotniczy – to tak jest. A po nominacji panny Ewy – tej miss wziętej w komis przez premiera Pawlaka – nikt nie może powiedzieć, że mamy rząd do de, skoro mamy de do rządu. Przepraszam za wyrażenie. To z zazdrości. Kto by nie chciał mieć koło siebie równie milkliwej kobitki? Ale pan premier, owszem, podoba mi się. Kiedy jedzie przez miasto, ruch zatrzymują, żeby ludziska nie zadeptali się z entuzjazmu. Szczególnie emeryci: tych wszędzie pełno. Przodem BOR, z tyłu BOR, koguty migają, syreny wyją. To rozumiem. I pomyśleć, że Piłsudski – który też był przez pewien czas premierem – chodził Alejami na własnych nogach. Widocznie czuł pod nimi pewny grunt.

Pan nie z URM-u czasem? Od pana ministra Strąka? Fryzjer tyle ma z niego pożytku, co z jego poprzednika – Rokity. Puder, woda kolońska, ircha – do pucu glancu i już. Następny do golenia! Prawdę powiedziawszy Rokity to mi żal. Chce partię założyć pod wezwaniem pani Dulskiej. Sam czytałem – oświadczył, że Dulska to sól ziemi i wzór cnót obywatelskich. Ciekawe, swoją drogą: żeby na łysinie wyhodować sobie kołtuna? A ten jego zmiennik, Strąk, to znowu pies na wojewodów. Co wolno wojewodzie? Podać się do dymisji, bo i tak go wyleją.

Pan przypadkiem nie wojskowy? Teraz wojskowi udają, że są cywilami. Mamy już ministra – cywilnego admirała. Jak tak dalej pójdzie, doczekamy się cywilnego krążownika i cywilnych kutrów torpedowych. Mnie to nie dziwi: taka marynarka, jaka klapa. Przedtem było inaczej: cywil Onyszkiewicz udawał starego wiarusa. No a ten... jak mu tam... Parys – kategoria D – żeby wyglądać na generała, nosił kuloodporny beret. Dziś jeszcze zakłada go, kiedy idzie pokrzyczeć pod Belwederem.

Pan nie ze świętej Brygidy? Od księdza prałata Jankowskiego? Biedny prałat! Wszyscy go zawiedli. Mają mu za złe, że jeździ mercedesem, zbierając datki. A czym ma jeździć? Nawet Cimoszewicz przesiadł się do mercedesa. Inna rzecz – nie na długo. Ukradli mu merca sprzed Forum. Podobno razem z ochroniarzem.

Pan, przepraszam – lewus czy prawus? Tak pytam. Trudno ustalić, kto jest kim. Jeszcze trudniej – kto był kim... Nomenklatury się przemieszały. Wybory wygrała lewica. Jak miała nie wygrać? Każdego przekonało hasło: „Masz serce po lewej stronie". Nawet pan prezydent wyciągnął z tego wnioski. I wyznaczył na głównego bebewuera – profesora Religę. Specjalistę od transplantacji serca. Zapowiada się interesująca operacja: przenosin na prawą stronę przeszczepu. Czy operacja się uda? Pacjentowi wszystko jedno: BBWR umarł jeszcze przed wojną!

Pan może z NATO? Na to nam przyszło: zaproponowali nam partnerstwo dla przedpokoju. Razem z Albanią. To pewnie ten sam przedpokój, w którym wysiadywał Skubiszewski. Dlaczego nas nie przyjęli? Nie zdaliśmy egzaminu z rosyjskiego.

Car Borys Jelcyn; Borys Gadanow! No a ten Żyrynowski. Przyjemny klient z tego synalka Wolfa czy Wehrwolfa. Zanosi się, że z dzierżymordy wyrośnie mordodzierżyński.

Przepraszam, pan może z Belwederu? Od pana prezydenta... Nie zazdroszczę mu posady. Rano – wyciągaj jednego syna z komisariatu. W południe – załatwiaj drugiemu awans w UOP-ie, chociaż studiował zaocznie – nikt go na studiach na oczy nie widział. Wieczorem – oglądaj popisy córki-baletnicy w Teatrze Wielkim. W nocy – konferencja z panem Mietkiem. Szarówką – msza odprawiana przez Cybulę. A potem śniadanie: owsianka i Falandysz. I to ma być życie?

Siedemdziesiąte urodziny Marysi Koterbskiej w klubie Scena. Solenizantka w przerwach między piosenkami opowiada, jak to w Izraelu przymierzyła wystrzałowe szpilki. Śliczne, lecz wyjątkowo niewygodne. Właściciel sklepu wzruszył ramionami:

– Czy ja mówiłem, że one są do chodzenia? One są po to, żeby pani koleżanki szlag trafił!

We Wrocławiu zaatakowany kamieniem generał Jaruzelski. Gdzie w Polsce dokonuje się zamachów? Albo w Zachęcie. Albo w kawiarni. Albo w księgarni... Tadeusz Mazowiecki zatelefonował do Barbary Jaruzelskiej z zapytaniem o zdrowie generała. Na podobny telefon nie zdobyłby się nigdy następca Wojciecha J. na najwyższym urzędzie. Sam zaś Jaruzelski... Generał jest dziś silny tym, że umiał odejść.

Jeden Polak to latarnik, usychający z tęsknoty za rodakami. Dwóch Polaków to dwa okrzyki: Na latarnię!

Maria Bojarska i jej bestseller. Książka *Król Lear nie żyje.* O Tadeuszu Łomnickim. A więc to prawda, że trumna bez krzyża i piosenka Cohena wywołały zgorszenie. A więc to prawda, że świeckość obrzędu skłoniła telewizję do przełożenia programu o Największym Naszym Aktorze. A więc to nie plotka, że minister kultury uciekł z cmentarza, gdy zobaczył, że nie ma księży. I cały pogrzeb na nic.

Obiad w Drawsku. Admirał Kołodziejczyk trafiony, zatopiony.

Ludwik Jerzy Kern o zarządcy URM-u, szarej eminencji przy zielonym Pawlaku: Strąk men.

Tygodnik „Wprost" sugeruje, że pojawił się obiekt zidentyfikowany: kochanka premiera. Bodajże pierwsza oficjalna kochanka osoby panującej od czasów Kazimierza Wielkiego.

Koło Dworca Centralnego stoi pomalowany na biało skot; pamiątka ze stanu. Skot reklamuje dziś sejfy, wyrabiane przez prywatną firmę.

Rozporządzenie Krajowej Rady Radiofonii i Telewizji przesuwające na godziny nocne emisję filmów, sztuk, programów mogących nadwerężyć morale oglądaczy. Żeby było zabawniej – ani jeden film przewodniczącego rady, Janusza Zaorskiego, nie kwalifikuje się do nadania przed godziną duchów.

Herbert w „Tygodniku Solidarność" demaskuje Miłosza: podczas kolacji z Amerykanami w Berkeley Miłosz miał powiedzieć, że Polskę należy przyłączyć do Sowietów. Herbert zachował się patriotycznie: „Wstałem i wygarnąłem". Najtrudniej uwierzyć w to, że H. zdołał wstać. Miłosz przesłał oświadczenie. Określając narrację notorycznego kandydata do Nobla jako „wyjątkowo złośliwe pomówienie".

Tym razem miarka się przebrała. Już nie będzie tak, jak w refrenie: „Miłosz ci wszystko wybaczy"...

Najelegantszy bal noworoczny w Bristolu.

Hotel ten zawsze nadążał za przemianami. 21 grudnia 1949 roku odbyło się otwarcie restauracji Hotel Bristol – Gospoda Ludowa. W ten sposób uczczono siedemdziesięciolecie urodzin generalissimusa Stalina.

Powaga śmierci. Nekrolog w „Słowie-Dzienniku Katolickim", podpisany przez Komitet Obrony Własności: „Nie będzie już znakomitych budyniów i koncentratów spożywczych. Znany przemysłowiec i kupiec ostatecznie uległ konkurentom zagranicznym, wspieranym przez spadkobierców Bieruta".

Baseball nie jest u nas grą popularną. Kije baseballowe są coraz popularniejsze. – Świetnie schodzą – mówią sprzedawcy. Atakowani tymi kijami schodzą również.

Wałęsa opowiada w niemieckiej telewizji, że kontaktuje się ze społeczeństwem jak Harun Al Raszyd w bajeczce. Przebrany za prostego człowieka wtapia się w tłum, bada nastroje. Ażeby go nie rozpoznano – wkłada różne peruki. Tylko głowa pozostaje ta sama.

Dlaczego manifestanci, palący kukły polityków, zwykli przedstawiać ich jako Żydów?

Od czasów świętej inkwizycji wiadomo: Żydzi palą się wybornie.

1984
PRECZ z KOMUNIZMEM!
1994
PRECZ z KAPITALIZMEM!
NIECH ŻYJE AMERYKA!

Rok 1995

Dobrze się rok zaczął: krewki minister (PSL) zdzielił teczką reportera. Wniosek – dawać ludziom Pawlaka wyłącznie posady ministrów bez tek.

Wachowski oświadcza (w imieniu swego pryncypała), że wysunięcie kandydatury Longina Pastusiaka na szefa MON-u to „obraza dla Polaków". Pan Mnietek zapomniał, że o nim wypowiadają się w tej stylistyce wszyscy byli ludzie pana prezydenta. Inny argument – Longin P. zatarasuje nam drogę do NATO, bo źle pisał o tym pakcie... Czy to nie przesada wmawiać Amerykanom lekturę pięćdziesięciu książek, pięciuset prac naukowych i tysiąca pięciuset artykułów pana profesora?

Biskup kielecki o Orkiestrze Świątecznej Pomocy: akcja Owsiaka to „laicyzacja działalności charytatywnej". Na łamach prasy konfesyjnej Owsiak ma notowania gorsze niż Antychryst. Złamał monopol Kościoła na pomaganie, uszczuplił wpływy z tacy.

Życzenia dla kobiet na trzysta sześćdziesiąt pięć dni opracowane przez księdza Pochwata: „Staraj się być wierna Bogu nawet wtedy, gdy niewierny okaże się mąż... Usta miej zawsze prawdomówne, niekoniecznie umalowane... Dla mężczyzn nie bądź jak Ewa pokusą, ale przykładem czystości i godności... Staraj się zasługiwać na całowanie Twych rąk – nie tylko ze względu na obyczaj".

Arthur Miller we właśnie wydanych po polsku *Zakrętach czasu*: „O tym, żeś osiągnął pewien wiek, dowiadujesz się wtedy, kiedy we wszystkim, co widzisz, zaczyna dominować ironia".

Modny lek – prozak. Kiedy pojawi się poezjak?

Lena Kolarska-Bobińska, dyrektor Centrum Badania Opinii Publicznej, w rozmowie z dziennikarzem upiera się, że inteligencję zastąpiła teraz „budżetówka".

Pawlak nawet jak mówi, to milczy.

Widok z okna

Jest w Alejach ważny gmach,
Mówiąc w skrócie: URM.
Ochroniarze stoją w drzwiach,
Trwa petentów szturm.

Ministrowie, dyrektorzy,
Gęstwa nóg i rąk.
Stąd – rząd rządzi. Tutaj tworzy
Ekscelencja Strąk.

Urzędowych aktów szelest.
Zapach władzy. Gwar rozmowy.
Dywan z pochlebstw. A fotele –
Z rezerw budżetowych.

W URM-ie jest okno. Wychodzące na Aleje.
Okno w gabinecie premiera.
I widać przez to okno, jak park jesiennieje
W powiewach wiatru. Złotolistnych szmerach.

Czasami mignie rudy błysk – wiewiórka
Złapie orzeszek i wskoczy na gałąź.
Wystarczy odejść na chwilę od biurka –
Zima w Łazienkach jest kopertą białą.

A potem –
Wiosna kolory obudzi.
(W naturze jak w filmie są duble).
I pełno na ławkach znów jest starych ludzi
Karmiących gołębie i wróble.

Na słońcu się grzeją.
Wystawiają twarze
Pomarszczone, pożółkłe i wyschłe.
– Ten dziadek kościany był wpierw sekretarzem...
– Ten staruch był kiedyś ministrem...

– A tamten, w jesionce, co laską grunt maca,
To prezes... Któż dziś go pamięta.
Przeczyta „Trybunę" – większego ma kaca
Niż renta. Przykładnie przycięta.

– Jak ONI źle rządzą! – zakaszle samotność
I echo wtóruje jej w ciszy.
Czy pan premier Pawlak, spojrzawszy przez okno,
Też siebie tam widzi i słyszy?

Sam nie wiem.
A może sens cały rządzenia
To ujrzeć zawczasu swą przyszłość:
Ławeczkę, na której ekipy czas zmienia,
I szepnąć: – Mnie także nie wyszło...

Epidemia grypy i sympatii poety Herberta do Kuklińskiego.

4 marca – Józef Oleksy premierem. Pan prezydent zaraz ujawnił mediom, że od Oleksego wolałby kobietę. Po czym udał się na Wybrzeże. Powtórzyć akt zaślubin z morzem. Szymon Pawlicki (pseudonim konspiracyjny – Aktor) nazwał Wałęsę – Sternikiem Nawy.

Chodzi prawdopodobnie o nawę w św. Brygidzie.

Prasa prawicowa alarmuje: zbliża się peerelizacja! W buciorach z Chełmka, w ortalionie na misiu, z butelką octu w łapie.

Koalicja SLD–PSL to małżeństwo z miłości – do rozsądku. Nawet stara panna po ślubie jest młodą żoną. Obyło się bez przenoszenia przez próg. Z obawy o potknięcie.

Z Kancelarii Prezydenta wylatuje Falandysz – prawnik na zawołanie. Katem kariery Falandysza był pan Mnietek. Przechadzający się po korytarzach z rękoma odchylonymi od tułowia, kaczym chodem.

Lata trzydzieste. Pensjonat w Świdrze. Do właściciela pensjonatu zgłasza się letnik.

– Rezygnuję z pobytu.

– Pan rezygnuje? A to czemu?

– Powiedziano mi, że pan jest antysemitą.

Właściciel pensjonatu jest wstrząśnięty:

– Ja mam być antysemitą? Teraz, w pełni sezonu?

Biskup Pieronek deklaruje, że jakakolwiek renegocjacja konkordatu nie wchodzi w rachubę, „chociażby z tego względu, że podważa dobrą wiarę Stolicy Apostolskiej".

Trzeba więc uwierzyć. W tę wiarę.

Na ekranach *Faustyna* – reklamowana jako „pierwszy polski film religijny". Pismo episkopatu zaleca oglądanie dzieła reżysera Łukaszewicza podczas rekolekcji wielkopostnych.

Mądrość komuchów: frekwencję i entuzjazm trzeba zabezpieczyć.

Prima aprilis: przed gmachem byłego KC tygodnik „NIE" postawił Wałęsie pomnik. Orkiestra grała *Pierwszą Brygadę*, złożono wiązanki kwiatów, na warcie stali faceci w kaskach stoczniowców.

Jakby mało było *Faustyny*, Wierzbicki wysuwa kandydaturę Alicji Grześkowiak na prezydenta. Efekt cieplarniany. Na twarzy kandydatki uśmiech, gdy mówi: „Koniecznie trzeba by wnieść ustawy potępiające funkcjonariuszy reżymu komunistycznego za ich działalność na rzecz komunizmu... Wzięłabym też na tapetę te ustawy... które obaliły fundament wartości, na których Polska stała przez wieki: system wartości chrześcijańskich".

Wierzbicki pisze, że Alicja G. to prawdziwa dama. Przypomina się zanotowana przez Lechonia anegdotka o rozmowie Churchilla z damą. Ze sfer.

– Gdybym miała takiego męża jak pan, wsypałabym mu truciznę do kawy – rzekła dama.

– Gdybym miał taką żonę jak pani – odparł Ch. – z pewnością bym ją wypił.

Wystrój Grobu Pańskiego w św. Brygidzie. Prałat Jankowski ułożył literki tak, by dla patrzących było oczywiste: UW, SLD, UP są porównywalne z SS i KGB. Do tego dodajmy hasło: Narodzie! Obudź się...

Po niemiecku brzmi to lepiej: Polen, erwache! I pomyśleć: jeszcze niedawno ksiądz Jankowski grał w filmie Wajdy, chrzcił dziatki tych, których dziś oskarża o „podmiotowość agenturalną".

Pan prezydent przed oficjalnym przyjęciem premiera w Namiestnikowskim oznajmił, że Oleksy to człowiek niebezpieczny, pozbawiony zasad i szacunku dla wartości. Później wyjaśni się ta kwietniowa ocena. Świadectwo lektur uopowskich raportów. Lektur czasochłonnych: pan prezydent nie przyjmuje telefonów od szefa rządu. Taki dziś Wersal na Krakowskim. Jedyna rada: jeśli Oleksy chce się dodzwonić, powinien udawać, że telefonuje przedszkolanka, sympatyk BBWR-u.

Prymas Glemp odpowiada na list ministra Żochowskiego, który niezbyt zachwycił się inicjatywą grobowniczą księdza Jankowskiego: „Protest Pana Ministra oraz innych ośrodków lewicowych i ludzi wrogich Kościołowi zmierza w swej istocie do ograniczenia wolności wypowiedzi".

Z woli Wałęsy Marek Jurek zostaje przewodniczącym Krajowej Rady Radiofonii i Telewizji. O Jurku koledzy powiadają, że poglądy można zmieniać. Ale Marek J. ma przekonania. Im też zawdzięcza, że stał się bohaterem dowcipu:

Sąd Ostateczny. Wpada rozdygotany archanioł Gabriel.

– Co się dzieje? – pyta święty Piotr.

– Marek Jurek chce ekskomunikować Pana Boga, bo za liberalny!

Hanna Gronkiewicz-Waltz wygłasza w Częstochowie pogadankę – „Powołanie kobiety a obraz lansowany w mediach". Fragment: „Proponuje się kobietom seks bez żadnego kamuflażu".

Nie wszystkim kobietom proponuje się seks, nie wszystkim...

Prymas Glemp o jednym z celów Akcji Katolickiej: zakładanie przez katolików przedsiębiorstw katolickich pracujących dla katolików.

„Swój do swego po swoje" – to już było. Tadeusz Breza napisał przed laty wierszyk. O czującym narodowo właścicielu zakładu pogrzebowego. Który wywiesił kartkę: „Dla Żydów trumien nie mamy!"

W Krakowie koncert *Nasze serca z Czeczenią*. Koncert zaszczycili: senator Romaszewski z żoną i Antoni Macierewicz z teczką.

Stowarzyszenie Prawica Narodowa zaprosiło do Polski Jeana Marie Le Pena... Le Pen z wizytą u Lepętaków to ma wdzięk.

Telewidzowie głosujący na seriale sprzed lat opowiedzieli się najliczniej za powtórką Klossa. Ten błąd polityczny pampersy przebolały. Ale żeby nie mnożyć błędów, zdyskwalifikowano przed głosowaniem *Siedemnaście mgnień wiosny* ze Stirlitzem.

Dwie rzeczy niezmienne: awangarda i poczucie krzywdy. Stowarzyszenie Civitas Christiana w Radomiu (dawny Pax) alarmuje: „Jesteśmy świadkami niszczenia polskości i katolicyzmu, eliminowania narodowej kultury, degradacji tradycyjnych wzorców i postaw moralnych. Lewica postsolidarnościowa i postkomunistyczna zwiera szeregi w zabieganiu o wpływ na świadomość polskiego społeczeństwa".

Jedyne schronienie – katakumby. Rzuca się przecież lewicy jak lwicy katolików na pożarcie. Pochodnie Nerona (nazywającego się Olek) rozświetlają pomroczność. W katakumbach ksiądz Jankowski kreśli na piasku znak ryby. Ale nie jest to jesiotr czy bieługa, lecz zwykła płoć. Wierni nadsłuchują przerażających ryków. To ryczy Waniek i żółte kły wyszczerza Labuda...

Maja Komorowska wspomina w „Słowie" kolację z papieżem w siedzibie prymasa: „Ojciec Święty zauważył, kiedy grzebałam widelcem w talerzu. Poczułam się jak złapana na gorącym uczynku. «Trudno mi pogodzić jedzenie z patrzeniem» – próbowałam się wytłumaczyć. Przyjrzał mi się bacznie. «Trzeba próbować pogodzić – tak jak ja to robię». Próbowałam...".

Zoszczenko mógłby pozazdrościć autorce tej opowiastki.

Antyklerykalizm? W kraju, w którym kury znoszą od razu pisanki?

Jan Pietrzak kandyduje na prezydenta. Gdyby nim został, z objawami paniki opuściliby RP wszyscy monologiści, kabareciarze, estradowcy. Najbardziej zagrożeni – Drozda, Daukszewicz, Daniec – wybraliby drugą półkulę. Młynarski schroni się u siostry w Szwajcarii. Mann i Materna przepadną bez wieści. Pieśń *Żeby Polska* stanie się hymnem narodowym. Jedynym na świecie hymnem – za który przyjdzie płacić tantiemy.

Hanna Gronkiewicz-Waltz kandyduje na prezydenta. Opowiada w „Tygodniku Powszechnym", że to do niej odnosi się proroctwo Izajasza: „Ty zmłócisz i wykruszysz góry, zmienisz pagórki w drobną sieczkę".

W anegdocie przed ambitną kobietą postawiono jeszcze trudniejsze zadanie:

– Próbowała pani przybić ciasto gwoździem do ściany?

W Galerii Porczyńskich promocja zbioru kazań Sławoja Leszka Głódzia. Śpiewał Centralny Zespół Artystyczny WP. Wygłaszający laudację porównał kazania biskupo-generała do kazań księdza Skargi... Niestety, Matejki przy tym nie było.

Po zapoznaniu się z wynikami przedwyborczych sondaży Lechowi Wałęsie przyśnił się koszmar: był ministrem Wachowskim, podobnym do policjanta Superczyńskiego!

Z nowej wersji Księgi III *Pana Tadeusza* – *Umizgi*:

> ...dybią dziś na Rydzyka. Ten wzrostem skromniejszy,
> Dzięki wielkości ducha za to najsławniejszy.
> Solony czy pieprzony, w occie czy w radyjku,
> Choć Rydzyk to nie trufla – dziś komuny ryj ku
> Niemu jest wyciągnięty. Przepadłby niechybnie.
> Szczęściem rada ratuje tę zgrzybiałą grzybnię,
> Obrończynię tradycji przed szajką czerwoną.
> Warto, abyś pamiętał: Rydzyk pod ochroną!

Z nowej wersji *Kwiatów polskich – Grande Waltz-Gronkiewicz Brillante*.

Czy pamiętasz Gronkiewicz, żonę Waltza,
Hannę dość skłonną opuścić swój bank?
Czy pamiętasz, jak chciała bronić szańca
Cnót narażonych na szwank?
Wylękniony Czarnecki
Szeptał, że gdy ktoś świecki
Prezydentem zostanie, to grzech.
Za to pani Waltzowa
To odnowa gotowa
W Duchu Świętym, aż świat wstrzyma dech.
Przed Europą – Przedmurze
Dziś znaczenie ma duże.
Na konkordat nie będzie nikt szczuł.
Waltz słuchaczy zachwyca,
Lecz skłócona prawica –
Jedni w tę, drudzy w tę,
Pół na pół...

Poeta z kręgu Trznadla i szpadla Jarosław Marek Rymkiewicz szlocha: „Niekiedy myślę, że Polacy nie są teraz godni Polski, że nawet nie zasługują na to, żeby mieć Polskę, jakąkolwiek Polskę".

W wizytówce pampersów, Pulsie Dnia, ojciec Rydzyk wnosi do studia pod pachą figurę Matki Boskiej.

Kandydat na prezydenta – Adam Strzembosz. W „NIE" piszą o nim jako o Hańbie Polskiej Protetyki.

Reporter Krzysztof Kąkolewski wyjaśnił, dlaczego powstała powieść *Popiół i diament*. Berman wezwał Andrzejewskiego i kazał mu ją napisać. Żeby Andrzejewskiemu pisało się szybciej – podesłał mu przez Różańskiego ubeckie raporty. Prawdziwy Maciek

Chełmicki (nazywał się inaczej) wcale nie zginął. Kąkolewski go spotkał, pogadał z nim, zjedli razem kolacyjkę. Warto było przeżyć: i popił, i diament.

Umiera Aleksander Bardini. W chasydzkiej opowieści, gdy odchodzi mąż mądry i sprawiedliwy, obdarzony hojnie poczuciem humoru, zmysłem ironii – aniołowie zamieniają łzy wylane po nim w lusterka śmiechu.

Z zwischenrufów profesora: – Gra w pokera byłaby znacznie milsza, gdyby widziało się karty partnera – Nie w twarzy zabawa! (do aktora pokazującego mu zdjęcie narzeczonej) – Jeśli ktoś zabiera się do monologu tak jak pani, to publiczność zmienia półdupek – Oni by chcieli, żeby trefne było koszerne – U nas często futerał gra rolę skrzypiec.

Kandydat na prezydenta – Leszek Moczulski. Żona, Maria M., opowiada, że z pewnym znajomkiem przyszły prezydent spotykał się przy cynowych żołnierzykach: – Obaj rozstawiali figurki na podłodze i rozgrywali różne wojny.

Komedyjka z Cioskiem w roli listonosza. Przysłał z Moskwy list sugerujący odłożenie wyborów prezydenckich i przedłużenie kadencji Wałęsy. Można sobie wyobrazić scenę pisania tego listu. Być Dyndalskim to znaczy – dyndalskim u pańskiej klamki.

Piłsudski doczekał się w Warszawie pomnika. Stoi przed Europejskim. I sprawia wrażenie gościa, dla którego w hotelu zabrakło pokoju.

Światowy Tydzień Karmienia Piersią... Witaj, sutku!

Pogoniony już dawno z TV wiceprezes, scenarzysta Purzycki, odkrywa w Namiestnikowskim – Widmo Wszechwładnego Kretyna. Pogoniony z Kancelarii mecenas Tomasz Kwiatkowski zwierza się, że pan Mnietek nie wpuszczał go (szefa Kancelarii przecież) do Pałacu: „Musiałem przed bramą pertraktować z żołnierzami".

Pogoniony Szczepanik, awansowany z piosenkarza na ministra, chce znowu awansować na piosenkarza. Mówi o swoim idolu, że to Wielki Mały Człowiek.

Pogoniony Mieczysław Wachowski nic nie mówi. Nie odpowiada na zarzut, że był wampirem.

– Tatusiu, kto to taki wampir?

– Nie gadaj, tylko jedz, gówniarzu, bo ci zupka skrzepnie!

Pan prezydent nazywa Hannę Gronkiewicz-Waltz – owieczką. Później – hieną... Nie na darmo ukochał program Polskie ZOO.

Do protestów kół zbliżonych do Radia Maryja przyłączyło się obradujące w Gdańsku Prezydium Komisji Krajowej „Solidarności". Domagając się zdjęcia z ekranów filmu *Ksiądz*. Jest to echo słów Glempa, iż film ten jest obliczony „na niszczenie psychiki ludzkiej". I opinii biskupa Orszulika, że ten *Ksiądz* jest „wstrętny".

Ani członkowie prezydium „S", ani prymas, ani biskup filmu nie widzieli. Po cenzurze prewencyjnej mamy teraz oburzenie prewencyjne. A swoją drogą – w tym samym Gdańsku przed piętnastoma laty jednym z najważniejszych postulatów była likwidacja cenzury.

Kolekcję rzeczników pana prezydenta ozdobi niewątpliwie Marek Karpiński. Trzeci i najmłodszy z braci Karpińskich, badacz dziejów prostytucji.

Napis na murze: „Ludzie to syf!".

Hasło wyborcze Strzembosza: „Tego prezydenta nie będziesz się wstydzić".

Hasło Gronkiewicz-Waltz: „Zaopiekujmy się Polską".

Wałęsa: „Jestem przekonany, że za pięćdziesiąt lat nie będzie miasta, w którym nie byłoby mojego i naszego pomnika".

Moczulski!
Kuoń!
-Waltz!
Tejkowski!
Król!
Pan Janek!
Strzembosz!
AUUMHA!!
Zieliński!
-pan mecenas!
Śfitoń
Religa!
Olek!
-ale nie Wałęsa!
czeczot

Z pijackiego monologu: „Wychodzę na ulicę. Widzę – ktoś leży w rynsztoku. Pochylam się, patrzę – a to ja".

Wałęsa – pytany, co porabia Wachowski – wyjaśnił, że sprawdzi to w pośredniaku.

Kandydaci na prezydenta: Tejkowski i Bubel. Opowiadają, że do sztabu wyborczego Leszka Bubla zgłosiła się panienka z agencji towarzyskiej Sasanka, deklarując wpłatę na potrzeby kampanii.

– Koledzy – uspokoił sztabowców starszy sztabowy – możecie spokojnie przyjąć te pieniądze. One są przecież naszego szefa!

Hanna Gronkiewicz-Waltz na spotkaniu z wyborcami: „Nie jestem trojańską klaczą".

Hasło Moczulskiego: „Czas na uczciwość". Markiewicza: „Praca i rzetelność". Wałęsy: „Płacę swoje rachunki".

Patrząc na kandydatów – docenia się mądrość przysłowia: Dlaczego kogut, kiedy pieje, zamyka oczy? Żeby pokazać, że zna swój repertuar na pamięć.

Przeczytane w „Gościu Niedzielnym": „Co czwarty bocian jest Polakiem".

Bocian raz się spotkał z żabą:
– Proponuję ci kolabo...

W „Niedzieli" pan Miszalski pisze: „Do jakich technik i socjotechnik władzy odwołuje się dziś najczęściej masoneria? Przede wszystkim propaguje demokrację, jako najwyższe dobro w życiu publicznym".

Teraz wiemy, co kryje się pod masońskim fartuszkiem.

Syrena 95
(wykonywała Hanka Bielicka)

Każdy widzi: Syrena warszawska to ja! I bardzo dobrze, że Syrena, a nie ta – jak jej tam – Nike. Mają ją zabrać z placu Teatralnego. Miodowa blisko, ksiądz prymas może się gorszyć cycatką.

Był nawet taki pomysł działaczy ZChN-u, żeby tej Nike zafundować stanik marki Triumph. Oczywiście – triumf moralności. Niestety, zabrakło sponsora. Jaki men zechce sponsorować kobitę z kamienia? Kolacyjka przy świecach wykluczona. Chyba, że przy gromnicach. Jedno tę postkomuszycę Nike cokolwiek rehabilituje: Ona chce do NATO!

Wszyscy chcemy do NATO. Kapitan Kloss także. Mówili, że on ruski agent, że wysługiwał się KGB. I co się okazało? Można go spokojnie pokazywać w telewizji Walendziaka. Kloss udawał przed Niemcami – Giermańca. Udawał przed Ruskimi – komucha. A tak naprawdę to pracował dla Amerykanów. O czym wiedział ksiądz biskup Leszek Sławoj Głódź, który osobiście udzielił mu dyspensy. Klossowi w trzech miejscach płacili – za to samo. I chwała Bogu, że płacili. Z jednej pensji nawet pan prezydent u nas nie wyżyje, odkąd podniesiono opłaty za gaz, za światło i za tę pomroczność jasną.

Syrena warszawska... Współcześniej byłoby – syrena alarmowa. Co się w tej Warszawie wyrabia, ludzkie pojęcie przechodzi! O ile da się przejść. Opowiadano mi, jak facet z Kobyłki chciał przejść na drugą stronę Jerozolimskich w godzinach szczytu. Czeka i czeka, kierowcy nie dają mu szansy. W końcu wkurzony zawołał do przechodnia po drugiej stronie jezdni:

– Panie, jakim cudem pan się tam znalazł?

– Ja się tam urodziłem – usłyszał w odpowiedzi.

Za dużo ludzi, za dużo samochodów. Inna sprawa, że nie ma dnia, żeby jakieś autko nie wyleciało w powietrze. Bo to samochód-pułapka.

Co tam samochody. Poszłam odwiedzić kumochę na Pradze. Patrzę – połowy bloku nie ma, a to, co zostało, wygląda jak Wspólnota Niepodległych Państw.

– Co się stało? – pytam.

– Plastyk...

Zgoda, plastyk jak każdy artysta lubi artystyczny nieład, ale takiego bajzlu nawet Picasso by nie zrobił. No to mi wyjaśnili: plastyk to materiał wybuchowy. Chłopaki z Pruszkowa prochu nie wymyślą. Ale podłożyć plastyk kolegom z Wołomina, to wymyślili. Jak tak dalej pójdzie – zaczną się obrzucać atomówkami. Podobno na Stadionie potaniały w hurcie.

Nic dziwnego, że mamy metro, skoro wszędzie podziemie. Linia Kabaty–Politechnika. Niekiepsko to ktoś wykombinował. Jakby co – partyzanci z Lasu Kabackiego raz dwa przyjadą do śródmieścia, za okazaniem kanarowi biletu.

Tyle tych mafii, że aż człowiek się gubi. Na czele każdej stoi Ojciec Chrzestny. Naród tak spobożniał, że bez chrztu stażu kandydackiego się nie odbębni, mowy nie ma. Najlepszy biznes w stolicy to ściąganie haraczu. Policja w tym nie przeszkodzi. Gdzie to ja czytałam? Dzieciaki z przedszkola zatrzymały radiowóz, wygruziły policjantów na bruk i pojechały tym radiowozem na lody do Zielonej Budki. Taką mamy policję: kogut na dachu, a lis w kurniku.

Komendant warszawskiej policji – z Lublina... Ciekawe: zawsze, co najlepsze, przychodzi do nas z Lublina. PKWN z manifestem, Szczepanik, Łazuka. Tylko premier Oleksy z Nowego Sącza i Białej Podlaskiej.

O, premier Oleksy to urodzony mediator. Każdemu wygodzi. Nawet z kompromisem zawarłby kompromis. Od dziecka interesował się polityką. Pewnie dlatego chciał iść na księdza, ale organizacja partyjna go przegłosowała.

Dostałam od niego propozycję, żeby zostać rzecznikiem rządu. Odmówiłam: przy wicepremierze Kołodce to ja jestem Rejent Milczek. Gdzież mi się z nim ścigać – na monologi.

Zresztą rząd to posada na krótko. Prawdziwe pieniądze to dzisiaj chirurgia plastyczna. Wiem, co mówię: do chirurgów zgłaszają się biznesmeni. Ci z listy najbogatszych w tygodniku „Wprost". Grzecznie proszą o likwidację tatuaży. Przeszkadza im w świecie wielkich interesów, kiedy spod mankietu koszuli Kenzo, pod rolexem w platynie widać serce przeszyte strzałą i tekst: „Bronek, nie zapomnij Wronek!".

To jest dramat, proszę państwa: rozstanie z pamiątką z lat młodości. Ale nie ma rady, inna epoka. Młody biznes już się nie dziarga. A ten stary... Cóż, czy oni mogli wtedy przewidzieć, że dzisiaj będą elitą?

Jeśli już jesteśmy przy żartach, proszę, oto żart czeski. Siedzą dwaj faceci na ławce.

– Były czasy – wzdycha jeden z nich. – Kobiety, wino, śpiew, KaPeCze!

A teraz żart słowacki. Premier Vladimir Mecziar zwierza się żonie:

– Słuchaj, musimy wreszcie znaleźć wspólny język z Czechami. Ile razy mam ci powtarzać, żebyś uczyła się angielskiego!

Węgierski. W parku spotykają się dwie rzewne staruszeczki.

– Pamiętasz, Ilonko, jak przed pierwszą światową jeździło się do ubogich krajów – do Austrii, do Włoch...

Bułgarski.

– Jesteśmy w samolocie lecącym do Europy. Tylko że samolot jakoś nie startuje, a my ciągle słyszymy: Zaciskać pasy!

Polski. Policjant zatrzymuje kierowcę merca.

– Papiery wozu, proszę.

– Panie władzo, jakie papiery wozu? Przecież ja go dopiero co ukradłem.

Jak smakują konfitury z gruszek na wierzbie?

Marzenia: Zakopać topór wojenny. Razem z wrogiem.

W Polskę ruszają (na ciężarówkach) billboardy z Wałęsą. Stoi chmurny, z zaciśniętą pięścią. Hasło: „Polska musi być silna". Kilkadziesiąt lat temu pisał poeta: „Ja pragnę Polski słabej, lecz na takim świecie, gdzie słabość nie jest winą".

Po kraju wojażuje autobus z Kwaśniewskim. Odchudzonym na potrzeby kampanii. Jego hasło – „Wybierzmy przyszłość" – przeciwnicy od razu zmienili na „Wypierzmy przeszłość". Mimo obfitości kandydatów uderza jedno: żaden z nich nie odwołuje się do literatury. Nie korzysta z poetyckiej amunicji. W niełasce zarówno Norwid, jak Wyspiański. Jedyna próba poezji zaangażowanej to rymowanka klejona na przystankach autobusowych:

Kto Ojczyznę kocha szczerze,
Olszewskiego niech wybierze.

Polska szkoła plakatu także w odwrocie. Za to znowu w kampanii uczestniczą: Matka Boska (w klapie) i Duch Święty. W Duchu Świętym odnowiła się przecież Hanna Gronkiewicz-Waltz.

Ukazuje się książka o Aleksandrze Kwaśniewskim. Jego biografię skomponowała Agata Chróścicka. Tropicielka: to ona pierwsza wyniuchała, że podający się za posiadacza dyplomu nie obronił pracy magisterskiej, bo z braku czasu już jej nie napisał. Promocja książki odbyła się (jak mówi plotka) w stołówce UOP-u na Rakowieckiej. Wkrótce okaże się, że zapomniana dawno Akcja Magister dopiero teraz się przydała.

Ekran telewizora w kampanii: niepodobna przemieścić się z fotela na kanapę, by nie potknąć się o jakiegoś kandydata. W znajomym krajobrazie mebli nagle zaroiło się od gości. Wśród nich są osoby, których bezpieczniej byłoby nie zapraszać na herbatę. Przypomina się zdanie z Dickensa: „Im głośniej mówił o honorze, tym skwapliwiej liczyliśmy nasze łyżki".

Obyczaje. Wałęsa powiada do dziennikarza, pytającego o stosunek do aborcji, że gdyby nie było ustaw zakazujących skrobanek, ów dziennikarz „popłynąłby ściekiem". Donald Tusk dopatrzył się w Kwaśniewskim „syndromu Kalibabki". „On jest świetnym uwodzicielem" – stwierdza Donald T. Wzrosła rola hrabiów, wspomagających prawicowych kandydatów (Zamoyski, Rostworowski). Jest tak, jak we fraszce Artura Maryi Swinarskiego:

Walk było wiele i wiele trudu,
By nie gnębili hrabiowie ludu.
Daremne walki, daremny trud –
Znowu hrabiowie gnębią lud.

Przesada: nie gnębią, ale nudzą i ględzą.

Napis na murze: „Szanuj lasy! Może i ty zostaniesz partyzantem".

Kościół opowiedział się za Wałęsą. W dziedzinie grafomanii jest również przedsoborowy. Ksiądz Mieczysław Rzepniewski w „Niedzieli" pędzi poezję jak księżycówkę:

Gdy wybierzesz złego kandydata,
Który duchem jest cały czerwony,
Niech cię pali wyborcza data,
Przez zły wybór nasz kraj poniżony.

Ostateczny wynik wyborów: Kwaśniewski – 51,72 procent. Wałęsa 48,28 procent. Sceny ze sztabu Lecha W., gdy ogłaszano wyniki – rozpacz małżeństwa Kydryńskich, grube łzy Danuty Rinn, osłupiały wzrok redaktora Wołka. Nie pokazano jedynie biznesmena, który sfinansował Wałęsie kampanię. Dostarczając nitką gazociągu – forsę.

Stanisław Lem w „Spieglu": „To przecież mit. To nieprawda, że wolność zawdzięczamy «Solidarności» i Wałęsie. Złożył się na to cały rozwój wydarzeń historycznych. Gdyby nie było żadnego Wałęsy, historia potoczyłaby się podobnie, stałoby się dokładnie tak samo".

W Białymstoku po sukcesie wyborczym Kwaśniewskiego komisje zakładowe „S" wywiesiły flagi okryte kirem. Wojciech Roszkowski (historyk) jęczy: „To jest dla mnie jeden z najczarniejszych dni w historii Polski. 19 listopada Polacy zaprzedali duszę diabłu". Wtóruje mu Jarosław Marek Rymkiewicz (subtelny liryk): „Wielu Polaków opowiedziało się za Kwaśniewskim. Tym Polakom ja odpowiem, parafrazując słowa *Pierwszej Brygady*: jebał was pies". Prymas Glemp (diagnosta): „Społeczeństwo jest chore". Na Jasnej Górze przygotowano wszystko do mszy dziękczynnej. Teraz trzeba gasić świece, rolować dywany.

Nie ucichła sprawa darowizny dla Wałęsy. Ta darowizna to milion dolarów za prawa do nakręcenia o nim filmu. Wałęsa upiera się, że była to darowizna, nie honorarium. Więc nie zapłacił grosza podatku. Różne rzeczy słyszeliśmy o producentach z Hollywood. Okazuje się, że serduszka mają jak wosk. Jakże niesprawiedliwa jest historyjka o spotkaniu na morzu. Rekin widząc producenta macha radośnie płetwą:

– Cześć, kolego!

Na zwycięskiego Kwaśniewskiego sypią się rady: powinien umeblować swoją Kancelarię tymi, którzy go nie cierpią. Tymi, którzy do ostatka gardłowali przeciwko niemu. Wyjaśniło się również, dlaczego kandydat lewicy wygrał: przesądziły o tym – koniunkturalna opalenizna, niebieskie koszule, szkła kontaktowe oraz tańczenie na estradce w rytmie disco-polo. Gdyby nie to, wygrałby godniejszy kandydat – mechanizator rolnictwa. Podający się za elektryka. A nie jak Kwach – za magistra.

Dialog. – Czy zna pani twórczość Manna? – Proszę pana, ja wolę Maternę!

Posąg azjatyckiego bóstwa o wielu rękach. Turyści kiwają głowami:

– Ten toby sobie chciał pogadać!

Przysłowie: kiedy Czeczeniec procesuje się z Ormianinem, to prokurator dostaje dziesięć lat.

Moda biznesmeńska: garnitury trzyczęściowe. Z kamizelką. Kuloodporną.

Na spotkaniu z dziennikarzami z zaprzyjaźnionych redakcji Lech W. zapowiedział: „Ja jestem honorowy, ja zostałem spoliczkowany niewinnie... Ja muszę to odbić. Muszę się postarać o taką skuteczną akcję, która do tego doprowadzi. I oczywiście doprowadzę do tego. Ale nie dla mnie, tylko dla Polski, dla sprawiedliwości, dla patriotyzmu".

Słowa te padły na trzy dni przed złożeniem ślubowania przez Kwaśniewskiego. Można je było przeczytać w „Życiu Warszawy" z 1 grudnia.

Akcja nastąpiła. Premier Oleksy doczekał się prezentu pod choinkę: zarzutu współpracy z ruskim wywiadem. Opowiadał o tym w sejmie minister (z wałęsowskiego resortu) Andrzej Milczanowski. Cała Polska tego słuchała. Obserwując, jak sprężyna intrygi rozkręca się. Wprawiona w ruch kluczem pokrytym rdzą lat pięćdziesiątych.

Kontakt informacyjny
(wykonywała Hanka Bielicka)

Dawniej szpieg to był szpieg: kapelusz nasunięty na twarz, wąsiki, trencz z postawionym kołnierzem, trucizna w sztucznym zębie, radiostacja wielkości fiata punto. Szpiegów zrzucano hurtem, razem ze stonką. Opowiadano, jak to agent CIA wylądował gdzieś w tajdze. Zauważyła go babuleńka, zbierająca chrust na opał do elektrowni atomowej.

– Ej, ty, co słychać w Harlemie? – spytała.

– W jakim Harlemie, ja jestem tutejszy – wyrecytował szpieg.

– A to ciekawe – zadumała się babuleńka. – Mieszkam tu od dziewięćdziesięciu lat i dotąd Negra nie widziałam...

Wtedy szpieg był rzadkością. Dzisiaj – co włączę telewizor, co nastawię radio czy przejrzę gazety – szpieg na szpiegu i szpiegiem pogania. Do tego doszło, zdaniem niektórych, że premier szpiegował własny rząd! Czegoś podobnego świat nie widział. I jak tu nie wpaść w szpiegomanię. Lepię uszka do barszczu (niech będzie, że czerwonego) i szepczę: Moja ty spółdzielnia uszko... Do oka w rosole robię oko. A nuż to oko Moskwy? Na siatkę z zakupami patrzę podejrzliwie: diabli wiedzą, może to siatka szpiegowska?

(Nuci)

Jadu goście, jadu
Kiele mego sadu.
Jeden gość z KGB,
A drugi z Mosadu...

Rano spojrzałam na sufit: mokra plama. Za telefon i dzwonię do administracji.

– Ja w sprawie przecieku – mówię. A na to głos w słuchawce:

– Pomyłka, pani pewnie chciała mówić z redaktorem Wołkiem.

Takie czasy: każda gazeta ma swój przeciek i swojego informatora. Dawniej powiadano: chcesz wiedzieć, co u ciebie słychać – zapytaj sąsiada. Dzisiaj minister spraw wewnętrznych, kiedy pragnie dowiedzieć się, co słychać u niego w ministerstwie – idzie do kiosku i kupuje prasę.

Podobno planuje się założenie giełdy papierów wartościowych, opatrzonych klauzulami tajności i poufności. Te papiery będzie można zamieniać na akcje: akcje naszego wywiadu, o których teraz tak głośno. A przecież są kraje, gdzie akcje wywiadu wtedy są głośne, kiedy o nich jest cicho. Kamuflaż w specsłużbach najważniejszy. Pokazano mi kiedyś naszego asa. Zielony był i rozmiękły.

– Co w tym dziwnego – wytłumaczyli mi eksperci, bo u nas każdy jest ekspertem – jak on ma nie być zielony, jeżeli przez okrągły tydzień podczas konferencji międzynarodowej robił za paprotkę. Mało że stał na stole, to jeszcze podlewany był regularnie, żeby go nie suszyło.

Ja to nawet na ulicy rozglądam się niespokojnie. Mija mnie rudzielec z szopą włosów – na półmetrowych szpilkach. Czy to na pewno dziewczyna, a nie pan profesor Konieczny? Sama czytałam, że będąc ministrem – lubił się przebierać. Na glacę nakładał perukę, malował usta brudnym różem i osobiście doręczał podwładnym urzędowe powiastki. A oni udawali, że go nie poznają. I tylko strzelali w obcasy:

– Tak jest, pani listonoszko!

Cały naród posługuje się fachową terminologią wprost z UOP-u. Żeby się nie wyróżniać – mówię „fabryka" na ten duży gmach przy Rakowieckiej, do którego wejść łatwo, tylko z wyjściem są kłopoty. Wolę nie pytać, ilu fabrykantów jest w tej fabryce, bo a nuż to tajemnica.

W życiu prywatnym przydaje się słownictwo resortowe. Umówiłam się ze Stefą na ploty. Wróć! „Nawiązałam kontakt ze źródłem informacyjnym". Faktycznie: Stefa to źródło. I nie ma siły, żeby przestało szemrać. Wczoraj zadzwonił do mnie Karol. Zadzwonił? „Podjął próbę werbunku, chcąc mnie pozyskać na materiałach obciążających". Zaraz to rozszyfruję. Karol chciał spotkać się ze mną na kawie. Kiedy zaczęłam się migać – powiedział, że ...dzieści lat temu byłabym skłonna spotkać się z nim nawet w Białobrzegach, na moście, o siódmej rano, na czczo. Skąd do niego taka pamięć? Teczkę ma na mnie czy co?

Poszłam do Łazienek. Na ławce – odwrócona tyłem – siedzi Luśka. Ach, ty odwrócona agentko! – pomyślałam. – Mało mi napsułaś krwi swoimi donosami? A czy ja kablowałam, że twój tajny współpracownik to mąż Zosi i że spotykasz się z nim w konspiracyjnym lokalu? Pewnie, że to lokal konspiracyjny. Z taką urodą, droga koleżanko, można pójść tylko do konspiracji, ewentualnie do UOP-u!

No, czas na mnie. Muszę się spakować. Wyjeżdżam na Majorkę. Kto wie, może ja także spotkam tam tego Gałganowa? Pobiesiaduję z nim dzień, dwa – chłop ani się obejrzy, wszystko wyśpiewa.

A gdyby zorientował się, że go nagrywam, i spytał, dla kogo pracuję, uśmiechnę się słodko jak pułkownik Miodowicz i wyjaśnię:

– Jak to dla kogo? Dla Polskich Nagrań!

Rok 1996

Dużo zbiórek i kwest. Dziewuszka o twarzy wesołej rozbójniczki potrząsa puszką.

– Na co kwestujesz?

– Na głodne wilki.

Zausznik Wałęsy generał Wilecki jako szef sztabu wita dziarsko Kwaśniewskiego. Umarł król, niech żyje król! I zaraz dodaje, że bardzo rad jest z tego, że to Aleksander K. wygrał wybory... W czasach pokoju generałowie nie giną. Piszą pamiętniki.

Główny łowca szpiegów (Majster) Milczanowski zostaje w Szczecinie notariuszem. Majster opowiada, że jest pilnym czytelnikiem Nietzschego. Może więc pamięta cytacik: „Fanatyzm jest jedyną siłą woli, którą mogą osiągnąć słabi i niepewni".

Demonstracja w Warszawie – przywiezieni autokarami obnoszą czerwony świński ryj. W Poznaniu ich koledzy wykrzykiwali: – Wygonimy syjonistów, rozliczymy komunistów! I nieśli transparent: „Kwaśniewski i Michnik to jedna rodzina, kochane wnuki dziadka Stalina!".

Cejrowski, WC Kwadransiarz, przedstawia się jako satyryk. Próbka tej satyry: „Komunę trzeba traktować grubym sznurem, nie grubą kreską. Żadnych kompromisów. Wykończyć ich, won za Don!".

-Fax-maszyna urwała mu rękę...

Teraz o gościach wigilijnego stołu: „Kwacha bym nie zaprosił... Jeszcze w tyłek bym kopnął, jakby przyszedł".

O tym twórcy godziwej rozrywki osoby duchowne mówią z uznaniem: Nasz Wojtek.

Opcja polityczna? Chciał pan chyba powiedzieć: uop-cja.

Stanisław Michalkiewicz w „Naszej Polsce": „Nie jest dobrze z narodem, który toleruje «elity» regularnie biorące stypendia z rozmaitych cudzoziemskich fundacji". Stypendysta – osoba podejrzana. Przynajmniej tak jak premier. Wywód S.M. cokolwiek płoszy: nie jest dobrze z narodem, który wydał Marię Skłodowską, nałogową stypendystkę francuską. Nie jest dobrze z narodem, którego tak reprezentatywny członek, jak poeta Zbigniew Herbert, korzystał ze stypendiów austriackich. Nie jest dobrze z narodem (ochrzczonym przecież), którego synowie korzystali ze stypendiów watykańskich. Jak Bohdan Cywiński.

Oleksy do dymisji. Mamy Cimoszewicza. To pierwszy premier z Kalinówki. Ale czy ostatni...

Nowy program w TV: MdM – Macierewicz do Milczanowskiego, Milczanowski do Macierewicza.

Wałęsa w dzienniku „La Stampa" tłumaczy Jasiowi Gawrońskiemu: „Ja nie przegrałem wyborów, przegrałem tylko liczenie głosów. Nie miałem czasu na ustanowienie kontroli w najbardziej newralgicznych miejscach, gdzie mogły być jakieś oszukaństwa". Wniosek: ustalenia Państwowej Komisji Wyborczej to pic na drążku. A teraz o zwycięskim rywalu: „Co się tyczy Kwaśniewskiego, to potwierdzam: powiedziałem, że wolę mu podać nogę niż rękę". Opowieść retro. O tym, co mogło wydarzyć się w grudniu 81.: „Gdyby oni weszli, nie powitalibyśmy ich z pewnością kwiatami, ale nie bylibyśmy gotowi do walki, chyba że oni zaczęliby strzelać. Wtedy byłyby pogrzeby, demonstracje, ale nie wojna. Mogli wejść, jak na wycieczkę, a potem by wrócili do siebie". Urocza jest ta wizja wycieczki Inturista opancerzonymi autokarami. Parę pogrzebów i kłopot z głowy. Wycieczka odjeżdża: jedynym jej celem był Stadion Dziesięciolecia. Pohandlować chcieli. Jak to ruscy.

To nieelegancko drwić z upadłych wielkości. Czasem jednak dopiero upadek pokazuje, z czego zrobiony był pomnik.

Przybywa tłumaczy: postendecy starają się przełożyć pisma Pana Romana na język demokracji.

Rozwiązanie krzyżówki w „Tygodniku Solidarność" to hasło: „Wszystkiego dobrego bez czerwonego".

Upolitycznione krzyżówki, a nagrody (lodówka, odkurzacz) dalej apolityczne!

W redakcji „Tygodnika Powszechnego" dyskutuje grono uopków; wysokich rangą. Najładniej mówi pułkownik Miodowicz: „Zadanie takie realizuje się w stykach osobowych".

– Biedak to ktoś, kto nie ma szczęścia.
– Nieprawda! On ma szczęście do tego, żeby być biedakiem.

Dyskretny urok

Że będą takie zmiany,
Nie przeczuł nawet Kisiel.
Dziś – styropian sterany
Ubezpieczaj w „Polisie"...

Tu – rżnie głupa polityk.
Tam – polityka głup.
Przez ten wysyp obfity
Wciąż przybywa elity,
Więc pokochaj lub chociaż – lub –

Dyskretny urok nomenklatury,
Wdzięk Wallenrodów z PZPR.
Wśród eminencji szarych i burych
To szczyt kultury,
Szmer wyższych sfer.
Dyskretny urok nomenklatury,
W komitetowych salonach staż...
Wiedzą paulini, ci z Jasnej Góry,
Postkomuch który
Zna „Ojcze Nasz”...

Już wyborczy incydent
Obrócić pora w żart i
Wstąpić, tak jak prezydent,
Do bezpartyjnych partii.

Nie należy przesadzać,
Wątpliwości skrył cień.
Tam elity – gdzie władza,
Która swoich nagradza.
Ucz się życia i odtąd ceń –

Dyskretny urok nomenklatury...
We Wspólnej Polsce dziś, podług rang,
Łatwo dostępne są konfitury –
Urząd ministra,
Rada czy bank.
Dyskretny urok nomenklatury...
Tu stary walet, tam nowy as –
Bródka z konspiry, światło tonsury,
Głowa do góry,
Ręce – do kas!

Wizytówki. Zawodowy parlamentarzysta nie pożałował diet i strzelił sobie wizytówkę ze zdjęciem. Biznesmen umieścił na wizytówce tekst: „Dla przyjaciół jestem Pysio!". Jego mniej fartowny koleżka pod nazwiskiem napisał: „Bankrut".

Przygotowania przed wizytą królowej angielskiej. Szefowa Kancelarii Prezydenta Danuta Waniek już wie, w jakim futrze nie wystąpi (ze względu na ekologów). Na przyjęciu wydanym na cześć JKM obowiązywać mają długie suknie. Zanosi się więc na to, że rzecznik (przetrwalnikowy) rządu – Aleksandra Jakubowska – nie zadziwi świata spódniczką, krótszą niż kadencje premierów. Duży ruch w wypożyczalniach strojów wieczorowych: szary dygnitarz dotąd obywał się bez fraka. Na przyjazd papieża komeżka wystarczała. A teraz, co? Szyć frak? Koszt duży, przyjemność mikra. Pospolitaki (rzeczpospolitaki raczej)kołaczą do magazynów teatrów, w których grywane są sztuki kostiumowe. Po przybytkach Melpomeny tuptają niczym stadka hipopotamów cywile i wojskowi. Największym wzięciem cieszy się Operetka. Bywalscy zastanawiają się, czy na bankiet do Kwaśniewskich wpadnie Wałęsa. Zna królową. Konwersował z nią w karecie. Mówiono wtedy, że w roli tłumacza wystąpił zaufany koń, pełnej krwi angielskiej.

Z badań Demoskopu wynika, że 27 procent obywateli RP nie ma pojęcia, jaki u nas panuje ustrój. 31 procent pytanych o ustrój odpowiada: demokracja. Najbardziej zaskakujące są notowania komuny. Jedynie 5 procent uważa, że to właśnie ją nadal mamy. Po tylu alarmach działaczy „S", po tylu apelach mecenasa Olszewskiego, po tylu manifestacjach związkowców, po tylu wystąpieniach Wrzodaka, po tylu Pulsach Dnia, tylu kazaniach i przestrogach – komuna jakoś nikomu (poza tymi 5 procentami) niestraszna. A jej widmo ma kłopoty. Z krążeniem.

Zbigniew Romaszewski wpatrując się w popiersie Cycerona:
– On też był senatorem...

Ze zbioru przypowieści z kręgu mistyków i kabalistów *Puste krzesło*. Rabi Nachman z Bracławia zatrzymuje młodego człowieka:

– Czy dzisiaj rano spojrzałeś w niebo?

– Nie. Śpieszyłem się.

– Minie kilkadziesiąt lat – rzekł rabin. – Wszystko, co teraz oglądasz, zniknie. Nie będzie tego jarmarku, będzie inny jarmark. Inne konie, inni kupcy, inne chmury i ptaki. Mnie już nie będzie, ciebie nie będzie. Powiedz: czy to, na co patrzysz, jest takie ważne, że nie mogłeś podnieść oczu, by spojrzeć w niebo?

Przez sen
(wykonywała Teresa Lipowska)

Wersalka. Półmrok. Widać leżącą kobietę. Światło księżyca pada na jej twarz. Kobieta zakłada okulary. Nadsłuchuje.

Kobieta:

Najpierw długo nie mogłam zasnąć. Kiedy wreszcie zasnęłam – śniło mi się, że wykręciłam numer 997. Odezwał się oficer dyżurny. Powiedziałam:

– Policja? Chciałam zgłosić kradzież. Ktoś mi ukradł czterdzieści lat życia...

Czekałam na odpowiedź. Nie doczekałam się. Nie ja jedna zresztą.

Obudziło mnie skrzypnięcie podłogi. Dawno powinnam wymienić klepkę. Gdyby rzemieślnik wystawił mi rachunek z vatem, miałabym odpis. Zobaczyłam w mroku błysk latarki. Światełko, przesuwające się po meblach. Złodziej... To znaczy – pan złodziej. Nigdy przecież nie wiadomo, czy to nie jakiś początkujący biznesmen.

Boże, jaki wstyd! Co on u mnie ukradnie! Naraziłam go tylko na stratę czasu, zbyteczną fatygę. Musiał sforsować drzwi. Cud prawdziwy, że nie wyleciały razem z futryną. Futryna spróchniała, drzwi spaczone, przez szparę wieje...

Pan złodziej gotów się przeziębić. A wiadomo, ile dzisiaj kosztują lekarstwa. Jedyna pociecha: przyciśnięty potrzebą może zawsze włamać się do apteki. Żeby poratować zdrowie bez recepty od lekarza domowego. Ciekawe, swoją drogą: czy bezdomni też będą mieli lekarzy domowych?

Boże, jaki wstyd! Wyobraziłam sobie minę pana złodzieja, gdy tak w świetle latarki oglądał ten mój dorobek. Biżuteria... Obrączka, która została mi po rozwodzie. Futro... Z tym nigdy nie wiadomo. Podobno presja ekologów zrobiła swoje. Szanujący się pan złodziej naturalnego nie ruszy ze względu na krzywdę zwierzątek. A skąd ja mu wezmę ekologiczne norki?

Boże, jaki wstyd! Żeby u mnie bodaj jakiś Kossak czy Fałat wisiał na ścianie. Kopia *Słoneczników* van Gogha. Tej kopii nawet do kolekcji państwa Porczyńskich by nie przyjęli.

Światło latarki przesunęło się w kierunku regału. Pan złodziej z pewnością puka się w czoło: – Po cholerę jej tyle zadrukowanego papieru? Żeby chociaż miała jakieś Harlekiny czy Ludlumy. A tu – same nudziarstwa. Niektóre do rymu nawet. A jak bez rymów, to też poezja: dzisiejszych poetów nie stać na rymy, a co dopiero na czytelników.

Na wysuwanym blacie – szkolne zeszyty. Klasówka z polskiego. No tak, to wszystko tłumaczy. Z podwyżkami w oświacie to jak z robieniem zastrzyków w drewnianą nogę. Nie odczuwa się.

Telewizor Rubin... Cóż za anachronizm. Każde dziecko w Pruszkowie wie, że semtex wybucha efektowniej niż ruski telewizor.

Lodówka Silesia, pralka Frania.

(Siada na łóżku).

Kobieta Proszę mi wybaczyć, panie złodzieju. Świadectwa udziałowego też nie kupiłam.

Złodziej To pani nie śpi?

Kobieta Jeszcze raz przepraszam, że naraziłam pana na zawód.

Złodziej To ja chciałem panią przeprosić. Za nie zapowiedzianą wizytę. Ciągle słyszę, że wszyscy kradną, więc zdecydowałem się wreszcie na pierwszy krok, żeby poprawić sobie reputację.

Kobieta Nie jest pan złodziejem?

Złodziej Niestety.

Kobieta To co pan tu właściwie robi?

Złodziej Włamałem się do... sfery budżetowej. Boże, co za pech!

Kobieta	Niech pan nie rozpacza. Ostatnio podnieśli nam uposażenia.

Złodziej	To miłe, że pani stara się mnie pocieszyć. Ale to na nic. Z takim pechem jak mój... (sięga do kieszeni) Zwrócę pani za naprawę zamka... O, cholera.

Kobieta	Co się stało?

Złodziej	Kiedy tu jechałem, skradziono mi portfel. Nawet nie poczułem... Proszę pani... Czy może mi pani pożyczyć bilet autobusowy?

Przepisany z *Raptularza* Zbigniewa Raszewskiego dialog profesorów:

– Pan ma mnie za fenomenologa.

– Nie, tylko za świnię.

Polska i Izrael to kraje bliźniacze. Serio.

Zarówno oni, jak i my jesteśmy Narodem Wybranym. Nie wiadomo tylko do czego.

I my, i oni mamy takie położenie geopolityczne, że dookoła są sami przyjaciele.

I u nich, i u nas – autorytety moralne noszą się na czarno.

I do nich, i do nas przybywają codziennie setki tysięcy byłych radzieckich. W Izraelu doszło do tego, że hebrajski stał się drugim językiem po rosyjskim.

I my, i oni mamy wolne soboty. Z tym, że oni załatwili je sobie sześć tysięcy lat temu.

Ich człowiek doktor Kissinger był w Białym Domu. Doradzał. Lepiej, że Amerykanom.

Nasz człowiek profesor Brzeziński był w Białym Domu. Doradzał. Lepiej, że Amerykanom.

I nas, i ich rozrzuciło po świecie. Różnica w poziomie organizacyjnym diaspor jest mniej więcej taka, jak między laską Mojżesza a lagą Stelmachowskiego.

I my, i oni czekamy na cud. Święcie przekonani, że bez cudów to się nie utrzyma. A że trzyma się dotąd, to i tak jest cud.

Lech Wałęsa straszy powrotem do zawodu. Zjawił się w stoczni-kolebce. Obejrzał byłe miejsce pracy. I zamruczał, że jest gotów naprawiać wózki. Przytomny ksiądz Jankowski ofiarował mu zaraz komplet śrubokrętów. Po co byłemu prezydentowi ta pokazucha? Chciał przypomnieć, że jest prześladowany; komuchy biją go niżej pasa – w kieszeń.

W Wielką Sobotę oddział skinów przemaszerował przez obóz w Oświęcimiu. Zgodę na manifestację wydał wojewoda bielski. Wytłumaczył się z tej decyzji: gdyby zabronił – narodowcy spod znaku Tejkowskiego napadliby na Żydów, uczestniczących w Marszu Żywych. A tak: „Widziałem w telewizji – opowiada dziennikarzowi wojewoda – że przy bramie wejściowej do obozu stał Żyd w jarmułce i nikt go nawet nie zaczepił. To dowód, że wszystko odbyło się w sposób cywilizowany".

Wraca z Meksyku Sławomir Mrożek. W samą porę: na scenie od Tatr do Bałtyku grana jest *Policja, dramat ze sfer żandarmeryjnych.* W obsadzie Milczanowski, Jasik, Fonfara, Libera, Zacharski.

Po wywodzie na temat gwiazdy Dawida zwierzchność zdecydowała, że proboszcz ze św. Brygidy Henryk Jankowski winien unikać doraźnej agitacji i propagandy. Ale ta kara to betka. Gorzej, że księdza Jankowskiego przestano zapraszać do ambasad. Biały smoking wisi w szafie, ordery śniedzieją. Peter Raina poświęcił pokrzywdzonemu książkę pt. *Ksiądz Jankowski nie ma za co przepraszać...* Kto, zdaniem Rainy, ma przepraszać? Ksiądz profesor Tischner. „Powinien oddać sutannę!" – oznajmił Raina na spotkaniu z czytelnikami. „Zebrani przyjęli to owacyjnie" – sprawozdała „Rzeczpospolita".

Pampersi. Po odejściu Walendziaka z prezesury na Woronicza część jego drużyny też odchodzi. Ale przed odejściem Walendziak przedłużył im kontrakty. Inaczej „chłopcy zostaliby na lodzie, bez środków do życia". Chłopcy? W wieku pampersów Mozart dawno już nie żył, Rimbaud napisał wszystko, co miał do napisania. W wieku pampersów Hłasko był już pisarską rewelacją, Iredyńskiego ceniono jako poetę i dramaturga, Kofta był gwiazdą kabaretu, piosenki Osieckiej śpiewała cała Polska, o Mrożku pisano jako o nadziei literatury. Pampersi to nie żadni emisariusze młodości, lecz stare konie, kute na cztery nogi. Bez dorobku. Za to z pretensjami, by uważać ich za elitę. Obyczaje tej elity... Walczący ze spuścizną PRL-u korzystali z nauk Ludowej, z wymogu czujności. Na czarnych listach osób, których nie należy zapraszać do programów, znaleźli się na przykład Ewa Łętowska i dziennikarze „Polityki". Inna akcja pampersiaków: kiedy umierał ktoś ze starych pracowników radia czy telewizji, nie zamieszczano nekrologu. Nikt z kierownictwa nie pojawiał się na pogrzebach. Chociaż był to powód do satysfakcji: znowu o komucha mniej...

Piosenka o przemijaniu
(wykonywała Ewa Kuklińska)

Miała przyjechać
Ta, która śpiewa –
Że „życie kabaretem jest"...
Zgodnie – ci z prawa
Z tymi, co z lewa –
Orzekli: Lajza nał iz zy best!

Czekał prezydent.
Pani Wańkowa
Pod ręką miała chleb i sól...
Gość się nie zjawił.
Rzecz podsumował
Homer ulicy – warszawski żul.

Przepraszam grono łobywateli,
Ja chcę opinię wyrazić swą:
Nie takie łajzy u nas minęli!
Nie takie łajzy gdzie teraz są?

W telewizorni
Byli pampersi –
Młodzianków świętych mężny huf.
Zdolni, zaradni,
Od innych szczersi,
Bo każdy pampers wiedział bez słów:

Wapniaków kopnę,
Zgredów wyrzucę,
Wyplenię z firmy komuny zło...
Z ręką na Pulsie,
Z kwadransem WC
Działały zuchy... A teraz co?

Bez znieczulenia, bez ceregieli
Spuszczono w kanał pampersów team.
Nie takie łajzy u nas minęli! –
Choć zawsze sucho, bezpiecznie im.

Tyle dziś partii,
Tylu liderów,
Akcji, reakcji i figur w grze.
Tyle łap chwytnych
Rwie się do steru,
Tylu premierów znów rządzić chce.

W rodzimej farsie
Ten z tamtym starł się –
Klub kawalerów – partyjny klub...
Łatwiej uwierzyć
W życie na Marsie:
Normalne życie wciąż w fazie prób.

Gdy celem jednych są drudzy w celi,
Gdy sejm jak sejmik... Wróż z płatków róż:
Nie takie łajzy u nas minęli!
Nie takie łajzy miną i już!

Profesor Bogdan Zakrzewski w zbiorze szkiców o Mickiewiczu i Fredrze odnotował uwagę o popisach wokalnych Wieszcza: „Głos miał jak kura".

W „Gazecie Polskiej" Elżbieta Isakiewicz wzywa do recydywy instynktu narodowego: „Marsz za marsz, protest za protest, wałek za każde oszczercze aj waj".

Toczy się dalej tak zwana sprawa Oleksego. Okazało się, że stare ubeki ruskiego nie znały. Bukwy to dla nich chińszczyzna. Stąd błędy w tłumaczeniu kwitów. Najważniejsze fragmenty monologu asa na Majorce nie nagrały się: taśma się skończyła. Za to wojskowy prokurator zdekonspirował ponoć zwerbowanego agenta: ujawnił, że typek lubił wypić. Teraz Ruscy od razu go odłowią: w KGB pracują przecież sami abstynenci.

Najsurowsi są spowiednicy nie popełnionych grzechów.

Dawno zapomniany mędrzec powiada: Z prochu powstałeś, w proch się obrócisz. To co szkodzi, że w środku tego cyklu jest trochę wódeczki?

Z rozmów o biznesmenie X.
– Za co go posadzili?
– Jak to – za co? Za kratki!

Z przysłów: gdzie padlina – tam zlatują się orły.

Sensacja w Cambridge – do studentów przemawia wąsaty mówca z okazałą klapą: „Chcę być pierwszym prezydentem Stanów Zjednoczonych Europy. Posiałem wolność, pogrzebałem komunizm, teraz czekam na efekty...".

Znamy talent Lecha W. do jednoczenia. Pierwszy prezydent Zjednoczonej Europy byłby jej ostatnim prezydentem.

Obchody stołeczności Warszawy: przejazd przebierańców z Krakowa, udających dwór Zygmunta III Wazy. Aktor Frycz jest królem. Wójcicki – Kiepurą, śpiewającym z balkonu *Brunetki, blondynki*. Święcicki udaje prezydenta. Piętnastoosobowa gromadka radnych pojechała do Watykanu. W Łazienkach otwarto wystawę jadowitych węży, żmij i żmijowatych. Najbardziej publiczności imponują okazy właśnie zmieniające skórę. Jak generałowie WP i awansowani w ostatniej chwili przez Wałęsę generałowie z UOP-u.

W Krakowie członkowie Ligi Republikańskiej obrzucili ministra Wiatra nabiałem. Ślicznie opisała to „Trybuna": „Minister z godnością i jajkiem na głowie poczekał na przybycie policji".

W kościele św. Michała w stolicy odsłonięto tablicę ku czci Bolesława Piaseckiego. Przemawiał Ryszard Reiff: B. P.„prowadził walkę przeciwko sowietyzacji na ostatnim szańcu obrony, jakim jest światopogląd, wartości chrześcijańskie". Walka przeciwko sowietyzacji to cyrograf parafowany przez generała Sierowa; rzeczywistego ojca założyciela paxowskiego sklepiku z dewocjonaliami. Walka o wartości to głośny artykuł *Instynkt państwowy* z października 56 roku. Oraz poparcie dla Moczara i jego ferajny w marcu 68. „Dzisiaj, w czasach polityki przez małe p, jakże brak człowieka tego formatu, jakim był Bolesław Piasecki" – wzdycha Reiff.

Aforyzm Leca: po niektórych oklaskach należałoby umyć ręce.

Rajcy ze Świecia nad Wisłą powierzyli rozwiązanie problemów zacnego grodu i jego mieszkańców Matce Boskiej Fatimskiej. Stwierdzili, że Zarząd Miejski odpowiada za realizację tej uchwały.

Profesor Karol Modzelewski przypomniał, że jeden z organizatorów polowania na Olina – generał Fonfara – był jego czarującym rozmówcą. Na Rakowieckiej.

Nieprzyjemność spotkała mecenasa Olszewskiego, przywódcę ROP-u. Szeptanka i ulotki zarzucają mu nieprawidłowe pochodzenie. A to grób dla prawicowca. Mecenas broni się jak lew (ale nie lew Judy). Zakolegowana gazetka publikuje jego zdjęcie z pierwszej komunii.

Ukazuje się Biała Księga. Ocenzurowana. Co bardziej soczyste zwroty z mowy asów są wykropkowane.

Raz pewna d...
Powiedziała do mnie:
– Po co te kropki?
Ciekawam ogromnie

– rymował przedwojenny fraszkopis.

Prezydent Kwaśniewski przyjmuje w pałacowych ogrodach Stinga. W tym samym czasie na IV Walnym Zjeździe Delegatów Stowarzyszenia Pisarzy Polskich nie pojawił się ani jeden oficjel. Jan Józef Szczepański tak to komentuje: „Pisarze przestali być sumieniem narodu, władza już się ich nie boi".

Czy to dla lewicy nie za wiele szczęścia – różowe okulary? Dla krótkowidzów?

Wypowiedź delegata „S" na zjazd w Poznaniu: „Nic się nie stanie, jeśli bramy Berezy Kartuskiej zostaną otworzone dla komunistów. Niech sobie posiedzą".

W „Twórczości" wspomnienie Marka Rudzkiego o wujaszku mecenasie Adamie Nagórskim. Wujaszek pokazując emigracyjne damy:
– A to są ruiny Warszawy!
Teraz historyjka paryska. Lechoń oprowadza synów Kadena. Zawiózł ich na plac Pigalle. Chłopaków zainteresowały wypacykowane stałe fragmenty krajobrazu.

tajne!
spec. znaczenia
K/0576321

– Kim są te panie? – spytali.
– To są kurwy.
– A czy są jakieś w naszym wieku?
– Są, ale nie dla was!

Kalambury mecenasa Nagórskiego: Ciasto pieniądz... Precz, precz smutek w szelki... Piersi wysuwają się na czoło...

Dyskwalifikacja Gołoty. Chciał dobrze, tylko przypadkowo uderzył w krocze. Gołota (poszukiwany listem gończym) na przyjęciu w polskim konsulacie w Nowym Jorku z udziałem prezydenta. W TV uścisk dłoni obu panów. Głowa państwa obok pocerowanej głowy faceta oskarżonego o rozbój.

Stary żarcik: – Co to jest odwaga? – Powiedzieć bokserowi, co się o nim myśli. – A co to jest przezorność? – Powiedzieć mu to samo przez telefon.

Są Domy Samotnych Matek. Czas na Domy Samotnych Polityków.

Z przysłów: bezpieczniej zadać pytanie Bogu niż posterunkowemu.

Dziennikarze i prezenterzy TV spotkali się w klubie Dekadent z Pruszkowem – Masą i jego kolegami. Potem do obu stron miano pretensje, że zadają się z nieodpowiednim towarzystwem.

Gołota dostaje list żelazny. Może przyjechać do kraju. Stanąć bezpiecznie przed sądem. Jego fani zanucą na melodię *Piechota, ta szara piechota*:

Nie nosił lampasów, sportowy wdział strój,
List dostał cenniejszy od złota.
Prezydent się wzruszył i rzekł: To chłop swój –
Gołota, ta nasza Gołota...

W księgarniach pierwszy przewodnik po polskich burdelach. Sorry: agencjach towarzyskich. Przewodnik dedykowany jest Jerzemu Urbanowi: Wielkiemu Mecenasowi Burdelowego Dziejopisarstwa. Anegdota z tej książeczki: Znany dziennikarz zaprosił do domu panienkę. Zaproponował jej kolacyjkę i tańce. Dopiero później bzyk. Panienka spojrzała na niego wyniośle. I zimno odparła:

– Pobzykać to ja się z panem mogę. Ale o żadnych tańcach mowy nie ma. Mam żałobę po tatusiu.

Gdyby dziś Dumas pisał *Trzech muszkieterów,* nazywaliby się: Patos, Pornos i Kompromis.

W Białymstoku rusza akcja przeciwko temu, co niemoralne, rozkładowe i pornograficzne. Pikiety obchodzą kioski. Matrony prowadzą z kioskarzami rozmowy ostrzegawcze. Glemp jest zachwycony. Mówi: „Czas wreszcie powiedzieć kioskarzom, że plugawe, choć kolorowe pisma należy schować pod ladę, bo obrażają normalnych ludzi, a żądać podania katolickiej gazety lub czasopisma".

Biedni erotomani! Przyjdzie im wyciąć fotkę redaktor Czuby z „Niedzieli" i powiesić nad łóżkiem. Katolicka gazeta... Przed wojną pewien spryciarz polecał – lody chrześcijańskie.

Czy wzorem Białegostoku nie trzeba wysłać trójek obywatelskich w Tatry? Góralski folklor gorszy od świerszczyków. Ot, choćby taka śpiewanka:

Leży chłop pijany,
Leży pod dzwonnicą.
Wychodzi mu pyrdel
Lewą nogawicą.

To kantyczka z Bukowiny Tatrzańskiej. Nie lepiej w Ratułowie:

Księżom gospodynie
Do areśtu wiedom.
A ksiądz za nią leci:
Zabierz, Kasiu, dzieci!

Panoszy się nomenklatura. Nawet w oborze. Na XII Krajowej Wystawie Zwierząt Hodowlanych główną nagrodę dostał Dominik Jastrzębski – eksminister w eksgabinecie ekskomuchów. I nikt nie zapytał nagrodzonej nomenklaturowej krowy, czy zmieniła poglądy.

Warszawa, Koło. Na trzepaku odkryto wygrzewającego się w słońcu pytona tygrysiego. Natomiast w antykwariacie w Bydgoszczy na wystawie pojawił się portret Hitlera. Antykwariusz, jeśli był czymś zdziwiony, to tylko tym, że portret szybko nie znalazł nabywcy. „Może dlatego, że mój sklep leży na uboczu" – zaszlochał.

Staruszka, słuchaczka Radia Maryja, w reportażu w „Wyborczej" powiada:
– Ja się boję wieczorem wychodzić z domu, żeby od masona w głowę nie dostać...

Rocznica podpisania porozumień sierpniowych. Po wyjściu z kościoła – po modlitwie przy grobie kapłana, który uczył, by zło dobrem zwyciężać – tłum manifestantów skandował: „Zawsze i wszędzie komuna jebać będzie!" i śpiewał, że Barbara L. – „to żydowska szmata jest".

Książka Macieja Z. Szczawińskiego *Zezowate szczęście.* O Bogumile Kobieli. Jego list do żony z 63 roku: „Wczoraj pomyślałem sobie, że wolałbym (nie śmiej się!) żebyś mnie 10 razy zdradziła, niż żeby Ci się stała najmniejsza nawet krzywda. I jeszcze wziąłbym na siebie w każdej chwili – mimo wielkiego tchórzostwa! – cały ból, jaki by mógł Cię spotkać... Robiłbym mostki, gwiazdy, nawet salto mortale, żebyś się tylko uśmiechnęła".

Groucho Marx o pewnej damie: – Ja ją znałem jeszcze przedtem, gdy była dziewicą.

W Radomiu ma powstać Pomnik Dzieci Nie Narodzonych... Kiedy doczekamy się Pomnika Nie Postawionych Pomników?

Z *Księgi*: Pamiętaj, żebyś nie siedział zbyt długo, bo nabawisz się hemoroidów. Pamiętaj, żebyś nie stał zbyt długo, bo osłabisz sobie serduszko. Pamiętaj, żebyś nie biegał zbyt długo: nabawisz się zadyszki. Żyj rozsądnie – trochę siedź, trochę stój, trochę biegaj – a wtedy będziesz miał te wszystkie przypadłości naraz.

Stylistka „Elle" o strojach gwiazd swojskiej polityki: „Diabeł w szczegółach nie jest specjalnie wyrafinowany. Potrafi pojawić się jako pióro przy kostiumie posłanki Wiesławy Ziółkowskiej, której fryzura zwana jest pomarańczową alternatywą, jako botki-raciczki pani prezes NBP czy odblaskowo seledynowe powieki Danuty Waniek. Czasem są to długie czerwone paznokcie kusicielki w mini, czyli Aleksandry Jakubowskiej. O złotych guzikach nawet nie warto wspominać, takie powszechne".

Przed sejmem manifestacja obrońców życia poczętego. Alicja Grześkowiak nazywa to przykładem „demokracji uczestniczącej". Przebija ją profesor Tomasz Strzembosz: porównuje manifestantów do harcerzy w powstaniu, walczących na barykadach... Stary skaut z tego Strzembosza.

Na Uniwersytecie Warszawskim Liga Republikanów urządza zadymę przeciwko gościowi UW – prezydentowi Kwaśniewskiemu.

Część bojówkarzy to nie studenci, lecz byli archiwiści z MSW (za Macierewicza), dziś pracownicy telewizji. „Czy naród polski lubi gesty brutalne?" – zastanawiał się przed laty Stanisław Mackiewicz (Cat). I dowodził: „Trzeba pamiętać, że Polacy to szlachecki naród. Toteż każdy akt gwałtu w Polsce jest niesłychanie, zabójczo niepopularny, a ofiara gwałtu staje się natychmiast wszystkim sympatyczna". Trzeźwiejsza, bliższa realiom jest opinia Marii Dąbrowskiej: „Naród nasz składa się z dwu narodów, które język ust mają wspólny, ale nie język ducha".

W Warszawie w szeregach manifestantów szedł Marian Krzaklewski. Człowiek Jutra. No, może Pojutrza... Jak to mawiał Isaak Stern o ambitnym koledze:

– On wychodzi na estradę jak wielki skrzypek. Tylko po co on później gra?

W jednej z warszawskich księgarni lista społeczna. Oczekujących na Białą Księgę. Nieprzedawniona mądrość powiada: osiołek nie mądrzeje z tego, że nosi na grzbiecie bibliotekę.

Prawdą a Bogiem – Biała Księga winna mieć uzupełnienie w postaci kasety. Dopiero wtedy czytelnik mógłby delektować się ścieżką dźwiękową. Według generała Malejczyka znalazłyby się na niej: „Liczne nieartykułowane dźwięki, jak chrapanie, świstanie, stukanie, odgłosy biesiad alkoholowych".

Z opowiadań Leopolda Treppera, twórcy Czerwonej Orkiestry – siatki radzieckiego wywiadu w Europie Zachodniej podczas drugiej światówki.

Po ucieczce z rąk gestapo T. ukrywał się w paryskim pensjonacie. Udając staruszka. Po kilku dniach zauważył, że niemal wszyscy pensjonariusze tego domu spokojnej starości to ludzie młodzi. Z przyklejonymi siwymi brodami, starczym makijażem, wytrenowanym człapaniem i zadyszką. Wtedy natychmiast zwiał. Przewidując, że maskarada źle się skończy.

Trepper po kapitulacji III Rzeszy zgłosił się do swoich dyrygentów z centrali. Ci zapakowali go do samolotu. Opowiadając, że na Kremlu tatko Stalin wręczy mu order bohatera ZSRR. Zamiast na Kremlu Trepper wylądował na Łubiance. Siedział tam długo. W 56. pozwolono mu wyjechać do Polski. Dostał nowe nazwisko – Leo Domb i posadkę w „Jidysze Wort". Wielokrotnie odmawiano mu paszportu: chciał emigrować do synów na Zachodzie. Dopiero za Gierka – po interwencjach dyplomatycznych i akcjach protestacyjnych w Paryżu i Brukseli – pozwolono mu znaleźć się tam, gdzie przynajmniej mógł zobaczyć seriale i filmy. Nakręcone o Czerwonej Orkiestrze. I o nim – wielkim szefie.

W Warszawie uruchomiono Żydowski Telefon Zaufania. Wystarczy zadzwonić – pomogą odkopać korzenie, odnaleźć zagubioną tożsamość. Do posegregowanych dawniej przez Słonimskiego Żydów – polarnych, polnych (i podpolnych) – przybył nowy okaz: Żyd telefoniczny. Podobno daje się zaobserwować falę powrotów do judaizmu. Podobno (to oczywiście plotka) czołówka powracających – zachęcona przez amerykańskiego rabina – przeprowadziła w dość późnym wieku zabieg obrzezania. Obyło się bez mohela. Zainteresowani poszli do kolegi, dentysty.

Życzenia

(wykonywali Malajkat, Polk, Zamachowski)

W innych językach trzeba mówić, mówić, mówić,
Aż od mówienia łupie w stawach. Ja to znam.
Przejdź na żydowski,
Wnet znikną troski,
Żydowski język – mówi się sam.
To nietrudny język w sumie:
Każde słowo się rozumie.
A jak pięknie po żydowsku można kląć...

Kiedy kłótnia się zaczyna od głupstewka,
Przejdź na jidysz,
No i wydysz –
Życzę panu, żeby pan był jak rzodkiewka!
Pysk czerwony. Cera blada. Pół na pół
I w dodatku, żeby pan rósł głową w dół.

W innych językach – porównanie, metafora
Jest jak kanarek, który właśnie kąpiel wziął.
Przejdź na żydowski,
Wnet znikną troski,
A metafory czytelne są.

Można mówić szarą prozą
I liryczną być mimozą
Nawet wtedy, gdy się wali z grubych rur...

Mając pewność, gdzie jest ziarno, gdzie otręby,
Mów do gbura,
Kiedy szura –
Życzę panu, by pan stracił wszystkie zęby!
Tylko jeden niech zostanie panu kieł,
By ból zęba pan znał z życia, a nie z dzieł.

W innych językach brak poezji, brak finezji,
Ciężko wyrazić swoje wnętrze. Uczuć treść.
Przejdź na żydowski,
Wnet znikną troski,
Już nikt cię nie śmie w kaszy zjeść.
Widząc w gniewie twarz zakrzepłą,
Emitujesz z siebie ciepło
Pod adresem swego wroga mówiąc tak –

Życzę panu, żeby pan miał krótkie ręce! –
Tu zrób pauzę,
Przerwę na łzę –
A na głowie, żeby pan miał świerzb. Nic więcej.
Świerzb na głowie. I niewielki zasięg łap.
Świerzb zaświerzbi... No a ty się drabie drap!

W prasie propozycje polskich nazw, zastępujących angielszczyznę. Zamiast billboardu – widocznik. Zamiast fitness clubu – kondycznik. Zamiast sex shopu – chucik. Zamiast grilla – pitraszer.

W starożytnym Rzymie togi tych, co sprawowali urzędy, nie miały kieszeni. I co? Rzym i tak upadł.

Przed sejmem manifestacja policjantów, domagających się wyższych uposażeń. Straż marszałkowska nie wezwała policji. Ona już była.

Humor, zdaniem Milana Kundery, to: „Upojenie względnością rzeczy ludzkich, dziwna przyjemność wynikła z pewności, że nie ma pewności".

Gdański restaurator, organizator bankietów Wałęsy, wstawił do jadłospisu nową pozycję: śledź à la Kwaśniewski. Widocznie restaurator skalkulował, że druga kadencja w karcie murowana.

Vitus B. Droescher w *Regule przetrwania* pisze o klikowości pawianów: „Kto został szefem, nie musi się już o nic martwić, wszyscy bowiem garną się do niego, aby stać się faworytem przywódcy. Niebezpieczeństwo zagraża tej małpiej organizacji tylko ze strony młodocianych band wyrostków".

– Co zamawia businesswoman na kolację?
– Rezerwację!

Z życia skandalistek. Kiedy w filmie *Funny Girl* Barbra Streisand całowała Omara Sharifa, okropnie zgorszył się tym prezydent Egiptu Gamal Naser: koszerna Żydówka kokosi się z Arabem. Zgroza!

– To, co powiedział pan Naser, to małe miki – zwierzyła się dziennikarzom Barbra S. – Szkoda, że nie słyszeliście, co powiedziała na ten temat moja ciotka z Brooklynu!

Korespondencja z Sodomy i Gomory

W naszych kinach już od ranka
Wyświetlana jest Szamanka.

W filmie tym – muzyczny motyw
To sapanie lokomotyw.

Znak, że rusza pociąg – zmysłów.
Strzępy zdań przez kiepski zgryz-łów...

Bladym świtem czy o zmierzchu
Jego raz, raz jej na wierzchu.

Ona jego, on ją bzyka –
Sytuacja jak z wierszyka:

Para – buch!
I już na stole czy na kanapie
Ciała – w ruch!
Gdy ona dyszy, to on sapie.
Uff, jak gorąco.
Myśli się mącą,
Członki się plączą...

Patrząc na to Szaman (w kadzi)
Też trzy grosze swoje wsadzi.

Rad jest tylko – znany z przesad
(Erotycznych) markiz de Sade.

Obraz kończy się nadwyżką:
Wyjadaniem mózgu łyżką.

Tego mózgu mało było,
Więc zrobiło sią niemiło.

Czy dziewczyna temu winna,
Że przez seks –
Linda nieczynna?

W Pniewie pod Łomżą odsłonięto głaz-pomniczek ku czci Franca Fiszera. Filozofa, przyjaciela poetów, postaci z życia towarzyskiego stolicy w dwudziestoleciu. Napis na głazie: „Sokrates ziemi łomżyńskiej".

Przemądrzały bachor: – Gdyby nie pan Edison, oglądalibyśmy telewizję przy świeczce.

Nastąpił rozruch Dolnośląskiej Szkoły Młodych Polityków. Wśród wykładowców – Wiesław Chrzanowski, Lech Kaczyński, Wiesław Walendziak. Nauka w uczelni jest bezpłatna.

Spokojna głowa: jeszcze zapłacimy za te nauki.

Z opowiastek profesora Steinhausa: panienka dostała trzy listy. Poeta prosił, by dla niego zatańczyła boso. Fetyszysta błagał o sfatygowane pantofelki. Bankier napisał, że byłoby mu miło, gdyby przyjęła od niego złote buciki. Trochę organizacji – pomyślała panienka – i wszyscy mogliby być szczęśliwi.

Po liście Bendera z KUL-u, że Władysław Bartoszewski – dostający niemieckie nagrody – nie jest żadnym profesorem i ma zaledwie maturę, zrobioną na konspiracyjnych kursach:

Gdy matura i chęć szczera –
Profesora masz z Bendera!

Z gorzkich żalów myszy kościelnej:
– Jestem biedna jak prałat Jankowski...

Walczyk

Gdyby nie było muzycznych pauz
Pewnie trzech synów nie miałby Strauss.

Rok 1997

Wszystko się ludziom myli. Nowy Świat, choinka. Postawiona przez hojnego sponsora. Przed choinką małolat nuci: „Gloria, gloria, in excelsis De-e-u!".

W dodatku do „Tygodnika Solidarność" („Teraz Ursus") Mundzio Wrzodak oznajmia: „W każdej chwili jesteśmy gotowi robić pikiety i demonstracje w Warszawie przed siedzibami władz". Pod tą deklaracją – ogłoszonko: „W Dniu Narodzenia Pana Naszego i z okazji zbliżającego się Nowego Roku radości, zdrowia i spokoju życzą... członkowie Komitetu Fabrycznego Ursus".

O dobrych interesach. Al Jolson miał tatusia ubóstwiającego luftgeszefty. A przy tym nie dowierzającego, że syn – pieśniarz – stał się bogaczem. Dlatego kupowanie prezentów dla papy było zawsze połączone z drobnymi chytrościami. Na kolejne urodziny Jolson podarował ojcu palto za 300 dolarów. Na wszelki wypadek powiedział jednak, że zapłacił za nie 30 baksów. Następnego ranka obdarowany zbudził go radosnym telefonem:

– Słuchaj, jaki zrobiłem biznes: sprzedałem to paletko od ciebie za 40 dolców! Żebyś ty miał moją głowę do interesów, na pewno byś do czegoś doszedł.

Kup pan samochód

I (wchodząc) Dzień dobry.
II Przesada. Dzień jak co dzień.
I I skąd ten pesymizm? Szefie, nie kupiłby pan samochodu?
II Po cholerę.
I Ale to fuks na torze. Ogrodnik zwariował...
II Jaki ogrodnik?... Działkę też mam. Zadaczoną.
I Mówi się – ogrodnik zwariował, kiedy chodzi o fantastyczną okazję. Jestem otóż skłonny sprzedać panu samochód za jedną dziesiątą ceny.
II Jaki?
I Merc.
II Rzęch ze złomowiska.
I Nówka.
II Po ilu?
I Dziesięć tysięcy. Co to dla takiego wózka.
II Faktycznie. Tyle co pryszcz.
I Preferuje pan kolorek blu metalik.
II Zgadł pan. Ale nie jestem zainteresowany.
I Nie spytawszy o cenę?
II Ile pan dzwonisz... Pytam przez grzeczność.
I Sto dwadzieścia baniek. Na stare.
II Za merca, nówkę, po dziesięciu tysiącach?
I Mówiłem, szefie: okazja.
II Papiery wozu pan ma?
I Ja?... To pan je ma.
II Nie kumam.
I Szanowny kliencie: a co tu jest do kumania.
II Zaraz... Chwileczka... Mój merc stoi w garażu...
I Może się założymy, że nie stoi?
II Kurde... Proponuje mi pan kupno mojego samochodu?
I O, już pan kuma. Proponuję panu uczciwą transakcję.
II To ma być uczciwa transakcja?

I Szefie, po co te nerwy. Transakcja jest nie tylko uczciwa, ale dziś ogólnie przyjęta w Warszawie... No to jak? Dogadamy się? Merc, blu metalik, po dziesięciu tysiącach...
II Trochę cofnąłem licznik.
I Co... cofnął pan licznik... O ile?
II O tyle, o ile.
I Przecież wózek ma niecały rok.
II Ma dychę.
I Dziesięć lat?
II Co to dla merca. Tyle co pryszcz.
I Ale to nieuczciwe. Takie numery...
II Numery przebite. Jest taki warsztacik na Woli. Powiadam panu: złote rączki.
I Chce pan powiedzieć, że ten merc jest kradziony?
II Nie wiem, nie pytałem. Niech pan go sobie zatrzyma.
I A pan?
II Zadowolę się ubezpieczeniem. Merc, nówka, po dziesięciu...
I Oszuka pan ubezpieczyciela?
II To pana martwi? Wybaczy pan, nie kumam – dlaczego.
I Mnie to przeraża, proszę pana. A więc to prawda, że Dekalog przestał obowiązywać.
II Mało że ukradł, to jeszcze poucza... Wyrzutek sumienia się znalazł!
I Ja jestem stratny.
II Ciekawostka...
I Podrzucił mi pan trefny towar. Na oko – inteligentny gościu. A takie przekręty, że głowa za mała.
II Dobra, dobra. Pan zatrzymuje wózek. Okazja. Ogrodnik zwariował.
I Jaki ogrodnik? Pan nie ma nic wspólnego z ogrodnictwem.
II Tak się mówi. Wzbogaciłem się językowo dzięki znajomości z panem.
I Pan się wzbogacił... Bogatemu diabeł dzieci kołysze. Biedakowi zawsze wiatr w oczy i droga pod górkę... Szefie, nie kupi pan merca? Spuszczę do stu baniek.

Patrz, minister bez teki!

II Nie.
I Osiemdziesiąt.
II Nie jestem zainteresowany.
I Siedemdziesiąt pięć.
II Panie, puknij się pan. Aha – zapomniałem – wózek był puknięty. Dachował.
I Siedemdziesiąt.
II Proszę: tu jest lustro. Niech pan się sobie przyjrzy.
I No...
II A teraz niech pan powie: czy tak wygląda człowiek, od którego kupiłbym używany samochód?

Tak zwany bard Ligi Republikańskiej Leszek Czajkowski zawodzi o swojej tragedii:

Ale odczuwam z biegiem lat
Decydujący w skutkach feler
Taki niewielki skórki płat,
Co wszędzie łamie mi karierę.

Czemu bard nie zdecyduje się na korektę feleru? Czyżby poetycka intuicja podpowiadała mu, że nie opłaci się skórka za wyprawkę?

Z modlitwy byłego Milczanowskiego: Panie Boże, ty masz najpotężniejszą kartotekę!

„Powtarzanie formuły: Kościół za bardzo angażuje się w politykę, po prostu mnie śmieszy". Kto bywa stale dośmieszony? Prymas Glemp, autor tego cytatu.

Z Krakowa przybyła do stolicy moda na limeryki. Skoro noblistka Szymborska je układa, profesor Henryk Markiewicz zaleca, Stanisław Barańczak przysyła zza Kałuży, coś w tym musi być. Kto wie, może to kwestia tematu. Wiele czynnych dziś postaci nie nadaje się ani do powieści, ani do tragedii. Limeryk to aż nadto.

Wódz AWS – Maniek z Wybrzeża
Powtarza jak słowa pacierza:
Ambicja mnie łechce,
Zostanę, kim zechcę.
A kraj? Jakoś kraju mi nie żal.

Rzekł pewien z Warszawy mecenas:
Komuna pognębić dziś chce nas.
Jam orzeł wśród kur... Z kim
Los złączył mnie? – Z Kurskim,
A to politycznych jest scen – as.

Fatamorgana pilnie szuka pustyni (Karl Kraus).

Poczytność dzienników pisarzy to triumf anegdoty. Nawet Gombrowicz wymyślał siebie jako anegdotę. A co dopiero Lechoń, Tyrmand, Kisielewski. Za miedzą podobnie. W „Odrze" omówienie rosyjskiego bestsellera – *Dzienników* Jurija Nagibina. Zapis Nagibina z 77 roku: „Marina Vlady głosiła u nas w kuchni o przewadze kobiecego orgazmu nad wszystkimi rodzajami rozkoszy. W punkcie kulminacyjnym jej perrory przyszedł Wysocki, dał po mordzie i wyprowadził".

Józefa Hennelowa o *Dziennikach* Kisiela: „To pewnie szczyt naiwności, ale tak to właśnie chcę wyrazić: nigdy przez wszystkie te lata nie zdawałam sobie sprawy, że Kisiel może aż tak nas nie lubić i taką mieć do nas – już nie wiem: odrazę czy przynajmniej totalne lekceważenie"...

Jan Maria Rokita rozstaje się z Unią Wolności. Przeczołguje się do AWS-u. Kiedy Marian Krzaklewski wezwie go do partyjnej samokrytyki, powtórzy za Asnykiem:

Między nami nic nie było.
Żadnych pochwał ni anatem.
Nic nas z sobą nie łączyło,
Prócz Suchockiej. Z konkordatem.

Prócz Spokoju (nie był Siłą),
Prócz rad – nie żałował Gdańsk ich.
Między nami nic nie biło...
Oprócz Lig Republikańskich.

Jubileusz siedemdziesięciopięciolecia urodzin i pięćdziesięciolecia pracy twórczej Jerzego Kawalerowicza. W kinie Capitol. Jubilat opowiada o pertraktacjach z włoskim macherem. Zainteresowanym nabyciem praw do *Pana Wołodyjowskiego*. Film Hoffmana przypadł mu do gustu. Grymasił tylko, że tytuł fatalny.

– A ma pan jakąś kontrpropozycję? – spytał Jerzy K.

– Oczywiście: *Siódmy najazd Tatarów*.

– Dlaczego siódmy?

– O, właśnie: pan pyta, inni też zapytają. I zaraz pójdą do kina, żeby się dowiedzieć.

Znawczyni spraw męsko-damskich wspartych o wartości, Urszula Dudziak (ta Dudziak nie śpiewa, ale pisze), dowodzi: „Eksponowanie ciała jest oznaką fałszywie rozumianej seksualności, mającej na celu wzbudzenie pożądliwości poprzez eksploatację określonych impulsów"... Czasy takie, że nawet impulsy nie pozwolą eksploatować się bezkarnie. Na impulsach się nie kończy: „Korzystanie z ofert pornograficznych przez małżonków zaburza ich integralną jedność małżeńską"...

Jak wygląda idealna jedność małżeńska? Daje o tym pojęcie żarcik Groucho Marxa:

– Chciałem pożegnać pańską żonę.

– A kto by nie chciał!

Umiera Mira Zimińska. Ile lat miała w chwili śmierci Mania Burzyńska z Płocka, co sama nazwała się Mirą? 93, 95, 97... „Wszystkie daty mego urodzenia są nieprawdziwe" – powtarzała za gwiazdami Hollywood. Cóż, starość jest powszechnie znaną anegdotą. Tylko nieliczni potrafią ją opowiadać tak, by przewidywalna pointa budziła żal. Że to już.

Mira Zimińska o aktorce (śpiewającej piosenkę z jej repertuaru) w widowisku *Hemar*:

– Ja grałam kuchtę, a ona nią jest.

Jarosław Kaczyński zapowiada: „Idzie druga fala rewolucji"... Dlaczego druga? A, bo ona drugiej świeżości. Postacie rewolucjonistów: Robespiernik i Dęton.

Nobel dla Szymborskiej dalej spotyka się z połajankami. Jerzy Narbutt, autor rymowanego hymnu „S", którego nikt nie chciał śpiewać (nawet w Jaworzu i Białołęce), lustruje noblistkę: „Zamiast więc tych różnych minoderyjnych póz przed lustrem byłoby rzetelniej, gdyby poetka napisała choć w jednym wersie: Przepraszam Naród Polski, że działałam przeciw niemu".

Coraz bliżej wyborów. Ukazuje się apel krakowskich naukowców, dziennikarzy i polityków. Sygnatariusze apelu wzywają do „odbudowania jedności obozu posierpniowego". Powód: „Polska pod pewnymi względami niebezpiecznie zbliża się do krajów Trzeciego Świata". Żeby oddalić tę wizję, wśród najważniejszych spraw do załatwienia figurują konkordat i zaostrzenie rygorów ustawy aborcyjnej. Wtedy Trzeci Świat nam już nie zagrozi. Znajdziemy się w Czwartym. Bez odbębnienia stażu kandydackiego.

Kto podpisał ten apel? Między innymi Konstanty Miodowicz. Jako kto – naukowiec z UOP-u, dziennikarz z UOP-u (to się zdarza), polityk z UOP-u?

Czterdziestolecie „Polityki". Cwany ten tygodnik. Dawniej wytykano mu, że sprzedaje Polskę Wschodowi. Dzisiaj są tacy, którzy twierdzą, że sprzedaje Polskę Zachodowi. I Wschodowi też, jak najbardziej. Sprzedać ten sam towar trzy razy, kto to potrafi, proszę państwa.

Ciągle słyszy się o prawie naturalnym. Ważniejszym od prawa stanowionego przez ludzi. Hm... Najlepszą epoką dla prawa naturalnego była z pewnością epoka kamienia łupanego. Łupanego na głowie rywala do upolowanego mamuta. Musiały minąć tysiące lat, by naturalne szarpanie mięsa łapą zastąpiły zdobycze cywilizacji – nóż i widelec. A wleczenie baby za włosy do wyra w pieczarze – eleganckie wleczenie do ołtarza. Jest wiele wykładni prawa naturalnego. Należy jednak podejrzewać, że pogańscy Prusowie mordujący świętego Wojciecha postępowali zgodnie z prawem naturalnym: bronili swojego terytorium przed obcym. Do objaśniania zasad prawa naturalnego pierwsi rwą się biskupi. I Marian Krzaklewski. Dlaczego lider związkowy zgodny jest z prawem naturalnym? Z biskupami też nie takie to proste. Jeżeli cofamy się w pradzieje, byłoby sensowniej, żeby o tym prawie mówili wróże, druidowie, kapłani Słońca, naszeptywacze w dziuplach drzew, odczytywacze losu z lotu jaskółek. To przecież oni żyli zgodnie z prawem naturalnym.

Przysłowie angielskie: gdy mieszkasz w szklarni, nie ciskaj kamieniami!

List Jana Karskiego w „Życiu Warszawy". O plugastwie antysemityzmu. O posługiwaniu się nim w kampanii wyborczej: basowanie duchowym szmalcownikom to głosy, głosy, głosy.

W 1943 roku Janusz Minkiewicz napisał wierszyk historiozoficzny:

Banderowiec dał mu w gębę,
Szaulis mu siedzenie sprał,
Niemiec wybił wszystkie zęby,
Potem kulę w łeb mu dał.
Nad śmiertelnym go barłogiem
Spytał ktoś, ciekawski zbyt:
– Kto największym twoim wrogiem?
Ów, nim skonał, charknął: – Żyd!

Odchodzi Agnieszka Osiecka. Świadoma śmierci tłumaczyła: „Każdego dnia muszę malować swoje wróble". I rzucała od niechcenia: „Połowa mieszkańców tego kraju wygląda jak bracia Kaczyńscy..." „Gdyby mężczyzn interesowała w kobietach uczciwość – wszyscy żeniliby się z Orzeszkową...".

Monika Olejnik prowadzi w III programie radia Salon Polityczny. Kogoś z radia znamy tak jak żabę: po głosie. W wypadku Moniki O. żabka okazała się zaczarowaną księżniczką. Jedyny problem radiotki: tak manewrować, żeby nawet lewy profil był prawy.

W rozmowach o wielkościach politycznych wraca jak refren kwestia:

– Jakby w tej sytuacji zachował się na przykład Piłsudski?

Prawidłowa odpowiedź brzmi:

– Jakby się zachował? On by do tej sytuacji w ogóle nie dopuścił!

Wiosna za rządów premiera Cimoszewicza. Wiosna obecnej „Solidarności". Najlepiej o tym mówić, parafrazując cykl wiosenny K.I.G.

Wiosna „S"

Z wysuniętym podbródkiem, po męsku jest harda.
Do autokaru wsiada i w furię się zmienia.
Pańcia „S" wybuchowa jest niczym petarda
I jakoś nie potrafi dziś – rzucić palenia.

Wiosna prałata Jankowskiego

Księżyc płynie po niebie.
Jest srebrzystą tacą.
Chociaż ryją pode mną – masony i Żydy –
Nie ma za co przepraszać.
Zapraszać mam za co.
Wpadnijcie na plebanię do św. Brygidy.

Wiosna biznesmena

Wiosna rajcuje mnie niesłychanie.
Z nią przez komórkę gadałbym dłużej.
Lecz wpierw umieszczę to w biznes-planie:
Kwitną magnolie – w prokuraturze...

Natura swojskich cudów: ich Naczelny Dystrybutor najwięcej ma roboty w dziedzinie motoryzacji. Dzięki cudowi ocalał Marian Krzaklewski. „Samochód jechał z dużą szybkością, koziołkował i rozbiłby się o pobliskie zabudowania, gdyby nie dziesięciometrowy odcinek siatki... Samochód został chwycony, wyłapany przez siatkę jak motyl". Podobnie ocalał ojciec Rydzyk. Ledwo włączył się w ratowanie stoczni-kolebki, na drodze z Warszawy do Torunia. „W pewnej chwili na pojazd spadł od strony kierowcy kamień wielkości średniego bochenka chleba. Samochód jednak się nie zatrzymał".

W innych okolicznościach także spieszy na pomoc Pan Zastępów. Dwunastoletni Maciuś (przyszły mecenas Bednarkiewicz) topił się w Bałtyku. Nagle zobaczył nad sobą Rękę. „Dziś sądzę, że Pan Bóg uznał, że muszę po tej ziemi jeszcze pochodzić, bo mam coś do zrobienia" – mówi mecenas. Przekonany, że nawet Bozi przyda się adwokat.

Antoni Macierewicz wspomina swego kota. Kombatanta w walce z komuną: "... Za każdym razem, gdy była u mnie w domu rewizja, wskakiwał na górną krawędź drzwi i bardzo celnie (udało mu się to kilka razy) spadał na głowę funkcjonariusza służby bezpieczeństwa. Na różne, miłe kotu sposoby okazywałem satysfakcję z tej celności" – opowiada wzruszony minister. Z pewnością, pragnąc usatysfakcjonować kota – założył mu teczkę.

Przyjechał Rostropowicz. Złożył wizytę w Pałacu Prezydenckim. Zabrał ze sobą instrument, przewidując koncercik.

– Co pan tam ma? – spytał czujny ochroniarz.

– Karabin maszynowy – odparł pogodnie maestro.

– Chwała Bogu! – ucieszył się borowik. – Już myślałem, że to wiolonczela.

Kompozytor Preisner (de domo – Kowalski) zapowiada, że wyemigruje z RP. Ma bowiem dość „kompletnej bezmyślności i bezkarności".

Ile lat minęło, nim Chopin doczekał się zydla pod płaczącą wierzbą w Łazienkach; ile lat zbiegło, nim ozdobił nalepkę eleganckiej wódki? Nieprędko doczekamy się Preisnerówki.

Projekt rysunku. Według starego dowcipu. Na granicy spotykają się – wyjeżdżający Preisner i wracający Mrożek. Patrzą na siebie i pukają się w czoło.

W Krakowie aktywiści Ligi Republikańskiej wzięli udział w dyskusji urządzonej przez RUCH NIE: rzucili świecę dymną, obrzucili jajami zebranych, poturbowali kilka starszych osób. Tytuł reportażu w „Słowie-Dzienniku Katolickim": „Zbukiem w Gadzinowskiego".

Tak nam dopomóż... zbuk?

Różnica między satyrykiem a humorystą: humorysta nie mówi słowa o polityce – i też jest śmiesznie.

W „Gazecie Polskiej" definicja: „Naród to wspólnota krwi"... Gdzieś to już słyszałem.

Uczestnicy referendum (53 procent) opowiedzieli się za Konstytucją, zaprojektowaną przez Zgromadzenie Narodowe. Wejdzie w życie, chociaż są tacy, co stale podkładają jej nogę.

Pieśń popularyzowana przez media: *Wolność leży w nas*. Wygodna ta wolność. Od razu przybiera pozycję leżącą.

Zmagają się przeciwnicy parlamentarnego projektu Konstytucji z jego zwolennikami. Najgorętszy jest spór o preambułę. Zredagowaną przez Tadeusza Mazowieckiego. Demaskatorzy twierdzą, że ona masońska: przywołany w niej Bóg nie jest naszym Bogiem, z sumiastym wąsem, o oczach jak bławatki.

Zawód: połykacz świętego ognia.

Z książki *KGB* – Christophera Andrew i Olega Gordijewskiego. To firma z Łubianki wywołała panikę fałszywką, że AIDS jest konsekwencją amerykańskiego programu wojny bakteriologicznej – wirus zbiegł z laboratorium i dopadł kochającego inaczej.

Wydawnictwo Amber ocenzurowało książkę Carla Bernsteina i Marco Politiego *Jego Świątobliwość Jan Paweł II*. Usunięto między innymi informacje o stanie zdrowia papieża i uwagi dotyczące Kościoła w Polsce. Amber, przyciśnięty do muru, musi wycofać z księgarń 14,5 tysiąca egzemplarzy *Jego Świątobliwości* i zapłacić odszkodowanie za naruszenie praw autorskich. Inna sprawa – gdyby książka ukazała się w wersji kompletnej, wydawca dopiero by beknął.

Jeden głos przesądził, że Antoni Słonimski będzie miał nareszcie w Warszawie skwer swego imienia. Na Mokotowie, koło kina Stolica. Przeciwko uhonorowaniu warszawskiego poety głosowało ośmiu radnych prawicy.

Jak wyglądałaby współczesna wersja wiersza *Alarm*?

Uwaga! Uwaga! Przeszedł!
Ma swój skwer.
Ktoś biegnie po schodach
– A co na to kler?
Wśród zgiełku i wrzawy
Chór głosów wybucha i rośnie,
Kołuje jękliwie: – To mason,
To Boya poplecznik plugawy.
Co twierdził chełpliwie, że AS on.

Nie takich patronów nam trza...
Głos rajcy rozbrzmiewa donośnie
– Ogłaszam alarm dla miasta Warszawy.
Wróg plwa!

Michael Jackson chce na Bemowie założyć Park Rozrywki. Skąd to do idola? Dlaczego jego wybór padł na Warszawę właśnie? Podczas wizyty w RP profesor Kołodko wręczył mu swoje dzieło: *Polska – Strategia 2000.* No i co? Po wnikliwej lekturze Jackson zdecydował się na inwestowanie.

Rozmowa fanki z telewizyjnym prezenterem:
– Przyśnił mi się pan dziś w nocy.
– A miałem dobry czas antenowy na wejście?

Woody Allen w gabinecie prezesa sieci telewizyjnej. Patrzy na wiszące na ścianach dyplomy. Ogląda figurynki i statuetki, pamiątki festiwalowych sukcesów.
– Nie wiedziałem, że pan gra w tenisa – wzdycha.

Producent telenoweli pokazuje gościowi pokoje, w których kłębi się chmara scenarzystów. Obsiadujących komputery jak kura grzędę.
– Kiedy sytuacja jest naprawdę awaryjna – wyjaśnia producent – wynajmuję dwóch starych Żydów i maszynę do pisania.

Unia Pracy Bugaja pójdzie do urn z hasłem: „Zasługujesz na więcej". Slogan godny biblijnego Hioba. Po każdej pladze, bydłobiciu, świerzbie i egzemie Pan na Niebiesiech powtarzał Hiobowi:
– Zasługujesz na więcej!

Barbara Labuda (zatrudniona w Kancelarii Prezydenta) oświadczyła, że nie podniesie już łapki przeciwko konkordatowi. Zabrzmiało to jak dalekie echo strof Broniewskiego:

Słuchając, usta zatnij,
Czoła nie zniżaj.
Oto opowieść o dniach ostatnich
Komuchów w ramionach krzyża.

Uwaga! Blondynka
(wykonywała Hanka Bielicka)

Powariowali z tymi blondynkami! Dokąd pójdę, słyszę dowcipy o blondynkach.

– Czy blondynki będą w niebie?

– Ależ skąd. Tam przecież nie ma butików.

– Czy blondynki cieszą się dobrym zdrowiem?

– Wykluczone. Blondynka najpierw jest słaba, potem cierpiąca, potem chora, bardzo chora, śmiertelnie chora, umierająca...

– A potem?

– Potem jest wdową!

– Jak zachowuje się blondynka, kiedy jej mąż pyta: – Widziałaś tę... no wiesz, co przyszła do Jurków ze Zbyszkiem? Uważam, że jest wystrzałowa.

Blondynka trzepocze rzęsami:

– Ach, ta! Ona miała piersi wielkości bąbli po ukłuciu przez pszczołę, nogi krzywaski, stopy jak podolski złodziej, prawoskrętnego zeza, źle dopasowane zęby, koszmarny makijaż i fatalną kieckę. Aha – torebki też nie umiała dobrać. Powiedziałabym ci o niej więcej, ale wybacz – ja się jej w ogóle nie przyjrzałam.

W dowcipach – blondynki to melepety umysłowe. Do trzech zliczyć nie potrafią. No nie wiem... Moja koleżanka, patentowana blondynka, właśnie po raz czwarty stanęła na ślubnym kobiercu. Dwaj poprzedni mężowie robili za drużbów. Spokojnie: trzeci też został zagospodarowany. Niósł welon, żeby jej nie było za ciężko. Na tej nowej drodze życia.

Nowa droga... Już prędzej – wielopasmówka. Żeby kolejni mijali się bezkolizyjnie. A kiedy zdarzy się stłuczka – na pobocze!

Później sru na giełdę rozwodników: model po przebiegu czeka na reflektanta. Nawet zatankował na wszelki wypadek.

Ludzie, co wy wiecie o blondynkach? Przecież wszystko zaczęło się w raju. Z żebra Adama – przymusowego dawcy – powstała Ewa. Oczywiście, blondynka. Moja rada dla panów: przeliczyć żebra! Kasy nie warto już przeliczać. Nie ma dwóch zdań: Ewa była blondynką. Zerwała jabłko, potem tłumaczyła się, że jabłko to tylko dwie kalorie.

O, blondynki to specjalistki od tłumaczeń. Znajomą znajomej mąż przydybał z kochasiem. Jak to się mówi: in figlanti. Szatynka by umarła. Brunetka osiwiała. Ruda zemdlałaby ze strachu. A znajoma znajomej, ta blondynka, uśmiechnęła się przymilnie:

– Jak to dobrze, że zjawiłeś się, kochanie. Teraz sam widzisz, czego będą uczyć naszego Jasia na tym wychowaniu seksualnym, wprowadzonym do szkół!

Przewodniczący Rady Miejskiej w Radomiu (równocześnie szef Klubu Inteligencji Katolickiej) nie ustaje w wysiłkach, by zapobiec skandalowi. Zanosiło się bowiem na to, że jedną z ulic nazwano by imieniem Jana Józefa Lipskiego. „Było wielu bardziej zacnych ludzi" – oznajmia pan przewodniczący. Pomysłodawcy zwracali uwagę, że J.J.L. jako przedstawiciel KOR-u przyjeżdżał na radomskie procesy po 76 roku. Zatrzymywano go, rewidowano, straszono gniewem służbistego ludu. „Nigdy nie spotkałem J.J. Lipskiego – odpowiada przewodniczący (i prezes KIK-u zarazem). – Pojawił się u nas dopiero w 1989 roku, przywieziony w teczce przez ludzi z późniejszej Unii Wolności"... Wszystko się zgadza. Lipski – socjał i mason – opowiadał bajeczki, że jeździł do Radomia. A tymczasem udawał się na Riwierę.

Z myśli prawicowej: w jednym z ostatnich numerów splajtowanego „Słowa-Dziennika Katolickiego" Krzysztof Kąkolewski objaśnia, kim są neopoganie. To tacy, którzy zwierzęta wynoszą ponad ludzi. Wiemy już, co oni wynoszą. A co noszą? Sztuczne futerka. „Doprawdy, zamiast futrem z nafty lepiej okręcić się drutem miedzianym i puścić prąd" – pisze K.K. Zdaje się, że do szczęścia brak mu tylko dynama.

Kowboj po obejrzeniu występu estradowców:
– To najlepszy show, jaki widziałem w życiu!
– A dużo pan ich widział?
– Ten jest pierwszy.

Hucznie obchodziła pięćdziesięciolecie firma paxowska INCOVERITAS. (Ta od płynu ludwik i środków czystości). Przydały się teraz, by wybielić ojców założycieli... „Przyszłość ma branża artykułów ściernych" – czytamy w laurce. Zgadza się: sporo już starto. Teraz położy się warstwę lakieru. I nikt nie zapyta o przeszłość bazy finansowej Bola Piaseckiego i jego czeladki.

Ze wspomnień o Ludwiku Klekowie, weteranie peerelowskiej rozrywki. Przez kilka sezonów (lata sześćdziesiąte) pan Ludwik miał etat w Pagarcie. Siedział w swojej dziupli z nogami na biurku. Wszedł ważny urzędas:
– Amerykanin w Paryżu? – zapytał, wyraźnie zgorszony.
– Nie, Żyd w Warszawie!

Wyniki badań CBOS: 81 procent ankietowanych nie aprobuje rzucania jajami w polityków. 58 procent słysząc, że gdzieś znowu aktywiści Naszości, Radykalnej Akcji Antykomunistycznej, Ligi Republikańskiej poderwali się do czynu – jest zniesmaczonych. Jedynie 8 procent odpytywanych deklaruje, że ma identyczne poczucie humoru.

Gotfried Benn słucha wyznania kolegi po piórze:
– Chciałbym podjąć się pracy – wielkiej i czystej!
– Wiesz co: umyj słonia.

Z *Talmudu*: sen proroczy to nie jest sen świstaka.

Wejdź na Internet i ogłoś koniec świata!
czeczot

Powódź. Przybór wód wykorzystuje się (to zrozumiałe) w przedwyborczej walce politycznej. Rządząca koalicja gromiona jest za niedbalstwo, gapiostwo, inercję, zaniedbania, niezbyt rozważne słowa i publiczne nietakty.

„Wróciła solidarność" – tytuł z „Gazety Polskiej". Na pierwszej stronie. Wewnątrz numeru wygląda to już inaczej. Mieszkaniec gminy Borowa (Rzeszowszczyzna) opowiada: „Przyjeżdżają kraść nawet z Przemyskiego. Do sąsiada podpłynęli łódką o drugiej w nocy, sąsiadka usłyszała, jak jeden mówił do drugiego, który dom wart jest zachodu".

Wróciła solidarność... Różnie z tym było. Słyszy się o pływających melinach, o przeterminowanych darach dla powodzian (zakłady opróżniają magazyny z bubli), o biernym przyglądaniu się cudzemu nieszczęściu. No a władze, zachowanie części władz? Profesor Steinhaus dawno temu zauważył: Śnięte ryby płyną z prądem.

Ewa Polak-Pałkiewicz w „Niedzieli": „Czy powódź w Polsce jest odpowiedzią Boga na modlitwę Ojca Świętego w czasie ostatniej pielgrzymki? Czy jest odpowiedzią na nasze prośby o przemianę serc w Polsce?".

Lider Ligi Republikańskiej (kandydujący do sejmu) Mariusz Kamiński domaga się usunięcia z Powązek tych, którym za dobrze żyje się po śmierci.

Letni dzień. Mariusz K. przechadza się alejkami:

Po Powązkach
Sobie tuptam.
Patrzę: trup tu...
Patrzę: trup tam...

Duch bojowy
Mnie ogarnął –
Na lustrację
Czas (cmentarną).

Hej, kto Polak
I katolik –
Tropem trupim
Dołącz do Lig!

Przeczuł to już
Bolko Chrobry –
Martwy komuch
Też niedobry.

... Na Powązkach
W martwej ciszy
Słychać jęki
Towarzyszy –

Próżno dzisiaj
Zęby szczerzym.
Jeszcze jeden taki reżym
I nie leżym!

Milan Kundera: Głupotę ideolo zastąpiła głupota komercyjna.

Odbył się konkurs śpiewających ptaków. Wygrał gwarek, którego właściciel wyuczył *Mazurka Dąbrowskiego*. To rozumiem – edukacja patriotyczna. W przyszłym roku zatriumfuje ptaszę śpiewające *Rotę*.

Ród Czetwertyńskich demonstruje przed ambasadą amerykańską: ambasada stoi na gruncie należącym do arystokratów. A jankesi nie chcą płacić odszkodowania, nie uznają tytułu własności. Jeszcze trochę, doczekamy się chóralnego odwycia pieśni: „Krew naszą (błękitną) leją katy! Wciąż płyną panów gorzkie łzy – nadejdzie jednak dzień zapłaty”...

Stopniowanie: kłamstwo – kłamstwa – polityka.

Max Liebermann wychyla się z okna pracowni przy Bramie Brandenburskiej. Patrzy na przemarsze brunatnych koszul:
– Muszę więcej jeść. Tak bardzo chce mi się rzygać.

Lech Wałęsa, felietonista tygodnika „Wprost", stwierdził, że najchętniej razem ze ślubną Danką założyłby państwo Poland... Pewnie rządzone z domku przy ulicy – Polandki. I mocarne hymnem *Let Poland be Poland.* W tym państwie wszystko będzie piękne i moralne. W szkołach wprowadzi się wychowanie antyseksualne. Wytyczne opracuje zespół autorytetów: Grześkowiak, Knysok, Czuba, Niesiołowski, Kapera. Wyda się elementarz pióra ojca Rydzyka. Zgodnie z klasztorną tradycją trudne problemy przedstawi się w formie wierszyków. Rymowanek łatwo wpadających do słabych jeszcze główek:

Kiedy włazi jeż na jeża –
Weź się lepiej do pacierza.

Pod kogutkiem gdacze kurka –
Zaalarmuj Marka Jurka.

Kiedy osa bzyka osę –
Wołaj: Skończyć z tym pornosem!

Pies na suczce, koń na klaczy –
Grzech! Kościuszko na to patrzy...

Gdy zapyla trzmiel liliję –
Nastaw radio na Maryję!

Zapamiętaj, dziatwo młoda:
Rozbuchana jest przyroda.

Pociąg zmysłów? – W państwie Poland
Od pociągu zdrowszy wolant.

A co ze związkami zawodowymi w tym idealnym państwie? Zlikwiduje się płoty, żeby nikt ich nie przeskakiwał. Marian Krzaklewski przejdzie do pracy naukowej. I jedynie raz do roku wolno mu będzie wygłosić półminutowy spicz. Co z komuchami? Zbiegłych do lasu odłowi się i osądzi. Na skruchę lud ochrzczony nie da się już nabrać: komuch nawet całując w pierścień, ukradkiem liczy karaty.

W „Tygodniku Solidarność" kolejny kandydat do sejmu – Wojciech Szarama, eksszef UOP-u w Katowicach, dziś działacz Ligi Republikańskiej – wspomina: „Będąc szefem delegatury nawiązałem kontakt z rektorami wyższych uczelni. Prosiłem o kierowanie ludzi do urzędu". I o co to właściwie głupi Amerykanie podnieśli krzyk, kiedy okazało się (lata siedemdziesiąte), że CIA buszuje po uniwersytetach, namawia profesorów, by występowali w roli naganiaczy?

Kariery najbardziej ponure
Tych, co staczają się...
Pod górę.

Na wyborczym plakacie jednego z prawicowych ugrupowań ktoś namalował kotwicę i napisał: „Polska warcząca".

Rekwizyty używane w kampanii wyborczej: Ałganow („Życie" Wołka utrzymywało, że spędzał wakacje z prezydentem Kwaśniewskim w Cetniewie), dzieciaczki (im ich więcej, tym lepiej dla kandydata), żony prosto od fryzjera, ciotunie (w Wieruszowie ciocię odnalazł Krzaklewski), domki dla powodzian, Czesław Niemen, disco-polo, teczki, masoni, rak („trzeba go wyciąć"), kwity UOP-u, NATO, Piłsudski, Dmowski, bolszewicy (nawała), gruba kreska, woda chrztu, Żydzi, ambony, pluralizm („Ważną kwestią jest pluralizm" – biskup Pieronek), staż w Stowarzyszeniu „Grunwald", garnitury od Bossa, emeryci i renciści (dwie partie), syn Artura Sandauera, Piłka, Słomka, klops.

Zwycięzca wyborów – AWS, blok ugrupowań prawicowych. Żeby rządzić, AWS musi zawiązać koalicję z Unią Wolności. O której AWS-owski Piłka powiada, że „jest zacofana intelektualnie". To, co się stało, jest darem Niebios dla satyryków. Ile razy można pisać o inżynierze Pawlaku, o ministrze kultury Podkańskim, o Cimoszewiczu, radzącym powodzianom po szyję w wodzie, że powinni się wcześniej ubezpieczyć, o marszałku Struziku i jego pasji poznawania świata, o... Teraz o nudzie nie ma mowy. Ożyje słabo frekwentowana sejmowa kaplica. W ławach zasiądą znów ulubieńcy piszących i rysujących. Z samych cytatów z ich mów da się żyć przez miesiąc i jeszcze rodzinę wypchnąć do Bryzy na Helu. No a zwycięski Marian Krzaklewski i jego uśmiechy, dobierane z kolekcji... A Goryszewski, Łopuszański, Mariusz Kamiński (z Ligi Republikańskiej), Jackowski – faworyt radia ojca Rydzyka, a... Żal tylko, że do sejmu nie załapali się Moczulski z Zięciem. I startujący z listy UPR-u Jan Pietrzak. Nie udało się z prezydenturą, to bodaj posłem chciał zostać.

Chluba nowego parlamentu poseł Niesiołowski oświadczył, że ci, którzy głosowali na SLD, zachowali się tak, jakby głosowali na Hitlera... Koledzy N. też są zdania, że lewicę należy izolować. Nie ma mowy o miejscach w prezydium sejmu czy przewodniczeniu komisjom. Kordon sanitarny winien być szczelny... Czy nie byłoby lepiej, gdyby siedziska czerwonych oddzielały zasieki z drutu kolczastego i posterunki straży marszałkowskiej? Wydające przepustki imienne, gdy na przykład SLD-owiec chce zrobić siusiu. W szatni, obok wydzielonych wieszaków, wisiałaby kartka: „Powieście się sami!".

SLD przemawia głosem Oleksego. Wzdycha Kwaśniewskim.

Bal pampersów. Bal prorodzinny – panowie przyszli z żonami. Trzech konferansjerów zapowiadało jeden program: Walendziak, Krzaklewski i Kempski.

Gdzie odbył się ten balik? W klubie Lolek... Było doprosić Bolka i nakręcić kreskówkę.

Pieśń o wodzu, prowadzącym do zwycięstwa:

Raduje się serce,
Duszy lżej na duszy.
Nasz Maniek Krzaklewski
Polskę odkomuszy!

Przetrzepie czerwonych
Ten związkowy batog
Od Tater Bigoski
Do Rybickich zatok.

Zniknie postmoderna
Wredniejsza niż lues...
– Wues? – gdy ktoś spyta,
Usłyszy: – AWS!

Trud montowania rządu. Poszukiwania kandydata na premiera. Kalamburzyści (w złym guście, jak to oni) pytają po zapoznaniu się z nazwiskami posłów:

– Kiedy Szkaradek wypięknieje?

– Ano, gdy Pupa mieć będzie w Czubie...

Nocą, w konspiracji przybito na sali posiedzeń sejmu – krzyż.

Premier się znalazł. Jest nim profesor Jerzy Buzek.

W pierwszą podróż udał się do Brukseli. Przez Watykan. Po drodze mu było.

Kolęda 97

W ten wieczór srebrny i niebieski
Kochajmy się! – Brzmi tekst orędzia...
Jak Balcerowicz i Krzaklewski?
Jak Tomaszewski i Walendziak?

Już podlatują w górę ptaszki,
Najwyżej frunie orzeł bielik.
To w ekumenizm wkład jest ważki:
Polak-katolik-ewangelik.

Wartości nam zazdrości Zachód.
Z nadzieją na nas więc spoziera.
Wstrzymają moralnego zła chód –
Jackowski, Rydzyk i Kapera.

Wśród wigilijnych karpi plusku
Cuda ogłasza szyb prostokąt...
Jedziemy dziś na jednym Buzku.
I na dodatek – wiemy dokąd.

Rok 1998

Powstało Stowarzyszenie Polek Pokrzywdzonych przez Arabów. Zawiniła tradycyjna arabska prorodzinność: oprócz polskich żon krzywdziciele mieli jeszcze kilka innych. W rezerwie.

Należy się spodziewać, że po Stowarzyszeniu Pokrzywdzonych przez Arabów powstaną Stowarzyszenia Polek Pokrzywdzonych przez Włochów, Hiszpanów, Anglików, Amerykanów, Szwedów, Eskimosów i Lapończyków. (Patronką poszkodowanych przez Francuzów będzie niewątpliwie Maria Walewska). Przybędzie kombatantek: trzy Laszki trzymane pod burką przez Litwina, Wanda Wasilewska poniewierana przez Korniejczuka, Maria Skłodowska, której Piotr Curie uniemożliwiał eksperymenty w ciemni – z zazdrości o młodych asystentów.

Z nowszych przykładów: Basia Piasecka, włóczona po sądach przez klan Johnsonów, Kasia Figura wycięta przez montażystów z filmu Altmana, solistki musicalu *Metro*, odesłane na hamburgera przez recenzenta Franka Richa. Wielkie, nie opisane dotąd są cierpienia naszych dam. Odwet uciśnionych to westchnienie przed lustrem:

– No nie zazdroszczę mojemu mężowi...

Aukcja bibliofilska. Hit: tom prozy Melchiora Wańkowicza z czułą dedykacją dla generała Moczara.

Ukazał się *Dziennik 1969–1979* Krzysztofa Mętraka. Autor o sobie: „Miejsce urodzenia – Garwolin. I cała biografia na nic!”.

Picie jako sposób na przetrwanie. Picie jako kamuflaż, umożliwiający obserwację. Czujną, ironiczną. Oto Himilsbach monologujący: „Lubię Ruskich. Stacjonowali, pili wódkę, jeden strzelił do bociana, przestrzelił mu nogę, drugi opatrzył ją i zastrzelił pierwszego. Lubię Ruskich – umieją uszanować człowieka". Teraz Adam Pawlikowski. Pytany, dlaczego nie wyjeżdża za granicę, odpowiadał: „Mężczyzna może wyjechać za granicę tylko na czele armii".

Definicja pióra Krzysztofa M.: „Dysydent – zawód jak każdy inny". Dziennik tłumaczy, dlaczego zabrakło Mętraka wśród autorów drugiego obiegu, czemu nie udał się z pielgrzymką do stoczni. Nie był skłonny do uniesień. Nie wierzył w wewnętrzne odnowy i przełomy. Nawet legitymacji do oddania nie miał. Uznał, że będzie przydatniejszy – po stronie oficjalnej. Ściągając na siebie strzały, które dla innych mogły być śmiertelne. Tak wybrał. I nic do tego moralistom. Tylu ich fascynuje się dobrem, że niech przynajmniej jeden pisarz pozostanie tym, który fascynował się złem. Powiadając do przyjaciół:

– Manichejczyk i doktryner mają na głowie nienaganny przedziałek.

Podobno wicepremier Tomaszewski wybrał się na *Mazepę*. Ledwo spektakl się zaczął, jęknął:

– Kurde, to ja nie odwołałem jeszcze tego wojewody?

Prawnuczka Sabały, pani minister kultury i sztuki, powołała Komisję Inicjatyw Wydawniczych i Upowszechniania Kultury. Składzik: między innymi Wojciech Roszkowski (podręczniki), Andrzej Nowak („Arcany"), Tomasz Burek („Gazeta Polska"), Ryszard Legutko („Czas"), Cezary Michalski (guru pampersów). Na czele komisji stanął Paweł Hertz. Nazwany dawno temu przez Antoniego Słonimskiego starą endeczką.

Rajcy ze Świdwina uchwalili zmianę herbu miasta. Za poprzedniej koalicji orzeł siedział na miejskiej bramie. Ze zwieszonymi skrzydłami. Teraz orzeł będzie miał skrzydła rozpostarte... Takie czasy, że nawet orła ponosi.

Po dwóch miesiącach urzędowania członkowie rządu dostali premie kwartalne. To pierwsza z zapowiadanych reform, reforma kalendarza: kwartał = dwa miesiące.

Radio Maryja rozpowszechnia liścik. Rodzice mają napisać: „Stwierdzam, że moje dziecko nie dojrzało do wieloświatopoglądowego «wychowania» seksualnego na świeckich lekcjach szkolnych oraz do posiadania osobistych przekonań w tym przedmiocie. Wychowuję dziecko zgodnie z zasadami religii katolickiej, której nauczanie moralne wyklucza pozarodzinne, areligijne rozmowy na te tematy".

Do obowiązków ojca Rydzyka przybyło jeszcze prowadzenie Biura Pisania Listów.

Zawołanie pampersów z Kancelarii Premiera, wesołych chłopaków, wiecznych studentów: „Program party – programem narodu!".

Ekspertka od przygotowania do życia w rodzinie zreferowała wyniki swoich badań: gówniarzy nie interesuje seks, inicjacja, antykoncepcja. Za to na lekcjach przygotowujących do życia chcą dowiedzieć się, jak gotować... Okazało się, że idole nastolatków to Mały Kuchcik i Mała Podkuchenna.

Nie pomnę, czyj to aforyzm: czy zatrzymując zegar, zatrzymujemy czas?

Człowiekiem Roku 97 został Marian Krzaklewski.

Afera. Czy prezydent ma prawo reklamować meble? Nawiasem mówiąc – tekst reklamy był urzędniczym gniotem. Prawdziwa reklama w wykonaniu Aleksandra Kwaśniewskiego powinna wyglądać inaczej: Fotel. Uśmiechnięty prezydent. I slogan: – Na tym fotelu posiedzę z przyjemnością drugą kadencję...

Zaczyna się serial żelatynowy (reżyser Kazimierz Grabek) z okazałą obsadą. Jak właściwie pisze się „żelatyna"? Ostatnio przez „rz". Tak jak rząd.

Człowiek Roku Marian Krzaklewski dostał od tygodnika „Wprost" prezent – mercedesa. Musiał jednak zrezygnować z tego cacka. I wystawić je na aukcję w Chicago. Dlaczego w Chicago? Po pierwsze – w tym mieście zawsze umiano docenić bossów. A po drugie – Mariana K. urządzałby dopiero taki wózek, który kierownicę ma w Gdańsku, fotel w Warszawie, akumulator w Watykanie, a klakson w gabinecie Buzka.

W sejmie przygotowania do debaty na temat bezeceństw komuny. Sejm zajmujący się głównie historią przypomina belfra, zarządzającego powtórkę materiału. Ale czy może być inaczej? U nas pediatrzy zajmują się ciągnikami, dentyści leczą społeczeństwo z próchnicy moralnej, socjaldemokraci budują kapitalizm, skazani na celibat głoszą chwałę wielodzietnej rodziny, organizatorzy zadym zostają stróżami prawa i porządku, Dulska z Bęc-Walskim integrują nas z Europą, burmistrz Zakopanego, gdzie na jeden płatek śniegu przypada dwóch narciarzy, zachwala Japończykom w mowie Brylla i Janosika olimpijskie zalety grajdoła.

Rzecznik rządu Tomasz Tywonek zamierza rozstać się z niewdzięczną robotą. I zostać prezesem wkrótce prywatyzowanej Telekomunikacji Polskiej SA. Pampers ideowy przynajmniej wie, gdzie stoją konfitury, które nie zdążyły spleśnieć.

Z książeczki Alice Caprice o Einsteinie: „Stwierdziłem – wyznał Albert E. – że duży palec u nogi zawsze w końcu zrobi dziurę w skarpetce. Więc przestałem nosić skarpetki...".

Wychowanie seksualne w szkole.

Zbliża się rocznica wydarzeń w Bydgoszczy. Przed Urzędem Wojewódzkim stanął pomniczek. Nazwany przez ludność Zębem Rulewskiego... Był już pomnik – Człowiek z Wydartym Sercem. Teraz ambitniej: Ząb Wydarty Człowiekowi. Służący za model były posiadacz zęba opowiada dziennikarzom: „Teraz, kiedy Bydgoszcz walczy o samorządność, realizuje testament z 1981 roku ...".

Za premiera Buzka uznano za zbędny Urząd Rzecznika Praw Dziecka. Tylko dzieci są niezbędne. Któż sypałby kwiatki i szastając nóżką recytowałby wierszyki?

Trzydziesta rocznica marca 68. W szkicu opublikowanym w „Kulturze" Henryk Grynberg zauważa: „Pytanie – czy gdyby po wojnie nie było w Polsce Żydów, to stalinizm polski miałby inną twarz? Miałby najwyżej trochę inny nos". Stanisław Lem o Gomułce w tamtych dniach: „Jego gonią własne gacie po schodach".

Co zapamiętałem z marca? Ormowców z pałami wysuwającymi się z rękawów jesionek i studenta Murzyna, wołającego w ich kierunku:

– Kestapo! Kestapo!

Chłopaka z protezą ręki, szepczącego do wykręcających ją tajniaków:

– Panowie, to mnie i tak nie boli...

Uliczny dowcip z tamtych dni:

– Posyła pan syna na uniwerek, panie Kowalski?

– A po cholerę. Sam go będę lał.

Minister zdrowia Maksymowicz skreślił dopłaty do podejrzanych ideolo leków dla kobiet. Dama od Maxima miała jednak lżej niż dama od Maksymowicza.

Prezydent odznaczył Kuronia i Modzelewskiego (rocznica marca). Dostali Białego Orła. Klatka była wcześniej.

Najważniejsze odkrycie profesor Jadwigi Staniszkis: premier B. ma „cichą charyzmę...".

W USA Leszek Miller spotkał się z Ryszardem Kuklińskim. Po spotkaniu obaj dżentelmeni musieli tłumaczyć się przed swoimi. Scena była bowiem jak z *Pana Tadeusza*:

Tak, tak Gerwazeńku. Tak, tak Protazeńku.
Nie mamy od dzisiaj ze sobą na pieńku.
Gdy ziarno sympatii zapadło już w glebę,
Czy ktoś znów napisze: SLD–KGB?...
Tak, tak Protazeńku – zła przeszłość przemija.
Niech bazgrze oszołom, że SLD–CIA.

W modę wchodzi dieta, gwarantowana przez zupę kapuścianą. Dietę tę stosuje prezydent Kwaśniewski. Efekty widać w telewizorze. Odchudzina z tego Aleksandra K.

W Sali Balowej na Zamku wystąpił Joseph Malowany. Kantor synagogi przy V Alei w Nowym Jorku. Łatwo sobie wyobrazić, co się działo, gdy kantor po pieniach nabożnych odśpiewał pieśń *Piechota, ta szara piechota.*

W anegdotce ambicjoner z Chełma słuchając kantora wzdycha:

– Gdybym miał taki głos jak on, śpiewałbym lepiej...

A w monologu z kabaretu Ararat kandydat na chazena wyjaśniał:

– Czy ja mam głos? Mówiono o mnie trzeci Kusewicki.

– Dlaczego trzeci?

– Bo drugiego nie było.

Przyleciał Władimir Bukowski. Eksłagiernika (wymienionego przed laty za chilijskiego komucha) pokochały kamery, Marian Krzaklewski, premier i niektóre tytuły prasowe. Bukowski, autor książki *Moskiewski proces,* pouczył Polaczyszków, że Unia Europejska to nowy Związunio. Bruksela zaś to Moskwa. Najważniejsze jednak opinie gościa (gość w dom – Bukowski w dom, a głupiemu radość) dotyczyły stanu wojennego. Obsadzony w roli szlachetnego Moskala dowodził, że Breżniew za nic w świecie nie kazałby maszerować sołdatiszkom na Warszawę.

Zachowanie Bukowskiego to kalka z opery *Iwan Susanin*. Wspomniany Iwan, udając dobrego przewodnika, wprowadził Polaków w bagno, żeby w nim się potaplali.

Centralna składnica donosów i materiałów – preparowanych często gęsto przez łapsów, ubeków, kapusiów i donosicieli – ma nazywać się Instytutem Pamięci Narodowej.

Gdy nastąpi (a z pewnością nastąpi) prawna regulacja tego ścieku – współczesny Szaniawski nie napisze opowiadań profesora Tutki, lecz opowiadania profesora Instytutki.

Nestor swojskiego playboystwa Jerzy Gruza wydał tom wspomnień z czterdziestolecia. Gruza – oprócz barwnych migawek z telewizji, szkoły filmowej, teatrów i festiwali – ujawnił pasje naukowe. Napisał rozprawkę na temat rodzajów orgazmu. Jeden z przykładów: orgazm cichy.

Dzwoni telefon. Pada propozycja balangi. Ten, do którego telefonowano, odmawia:

– Nie bardzo mogę. Jestem teraz z kimś, a później muszę ją odprowadzić.

Długa cisza w słuchawce.

– To co, niewidomą posuwasz?

Moja prywatna opowiastka o Gruzie. Lata siedemdziesiąte. Wpadła mu w oko uczennica Gimnazjum Batorego. Usiłował ją poderwać. Opowiadając panience o telewizji. I przyrzekając, że pokaże jej studio na Woronicza. Ale dziewczyna grzecznie podziękowała za odprowadzenie do domu i niesienie teczki.

– Jak ty się w końcu nazywasz? – spytał poirytowany Jerzy G.

– Grażyna Loska.

Premier wydał zakaz wypowiadania się na temat reformy administracyjnej jej projektantowi.

Ulica. Kroczy nią sam ze sobą dyskutujący facet.

– Niemowa? – pyta przechodzień.

– Nie, Kulesza – pada odpowiedź.

Pruszków. Członek grupy koleżeńskiej ofiarował osobistej narzeczonej pierścionek.

– Jaki piękny! – pisnęło dziewczę. – Ile za niego można dostać, Misiu?

– Gdy się ma kiepskiego papugę, to pięć lat – wyjaśnił Misiu, obciągając dres.

Wajda nakręci *Pana Tadeusza.* Ciekawostka obsadowa: księdza Robaka zagra Linda. Można sobie wyobrazić, jak Linda czyta scenariusz. Wzbogacając go o współczesne akcenty:

O, kur... Kur na kościele zapiał. W świecie sobak
Nie chce mi się już gadać, kim był wpierw ksiądz Robak.
Jedno pewne: gdy przemknie okryty kapturem
– Boguś! Boguś! – panienki krzykną zgodnym chórem.
A młodzieńcy zatupią: – To przecież nasz Linduś!
Kiedy wejdzie ci w drogę jakiś skurwysyn – duś
Gada, rób mu nery, słysząc jęki ciche:
Nasz ksiądz Robak w klasztorze Szaolin był mnichem.

Wojewoda warszawski wprowadził (wzorowaną na Radomiu) godzinę policyjną dla małolatów. Zachwycił się tą inicjatywą prymas Glemp.

Jak to powiadał malkontent i gderacz, Karol Irzykowski: podkłada się pod kulawy stół *Biblię.* I kłopot z głowy.

Dziesiąta rocznica śmierci Jonasza Kofty. O umarłych tylko dobrze. A nuż zmartwychwstaną? Podobno to się zdarza. Tak asekurują się ci, którzy wierzą. Moją polisą ubezpieczeniową jest kompletny brak świadomości, że śmierć oznacza wieczność niewidzenia, ostateczność pożegnania. Nie przyjmuję do wiadomości, że osoby bliskiej nie ma. Wydaje mi się, że już za chwilę ją spotkam. Odnajdę w ulicznym tłumie. Wydzielę z przypadkowego tła. Przysiądziemy na chwilę w kawiarni. Pójdziemy na spacer oplątani siatką deszczu. Przyrzekając sobie, że zdzwonimy się na pewno. Tyle się przecież dzieje. Tyle barw skrywa ochronna warstwa codzienności.

W dowodzie miał Janusz. Jonaszem nazwał się sam. Początkowo była to prowokacja artystyczna. Po marcu 68 natarczywość przypomnienia, skąd przychodzi. Z jakiego świata. Chociaż ten świat wracał do niego jedynie na kartach książek. Wabiąc blaskiem świec, cieniem błogosławiących rąk, słowami wypowiadanymi w języku obcym i nieznanym. Prawda, był jeszcze epizod podwórkowy z dzieciństwa. Szewc, który śpiewał piosenkę o siedmiu braciach. Czy śpiewał ją w wersji ponoć zapamiętanej przez Jonasza? „Było siedmiu braci – handlowali niebem". To niebo na sprzedaż jest być może pierwszym wierszem ułożonym przez autora *Kwiata jednej nocy*. Wspomniałem o przybranym imieniu. Nazwisko Kofta stało się również pretekstem do opowieści. Jonasz myślał obrazami. Zapadły kąt na Wołyniu. Chutor – gdzie zakończyła się ucieczka z Warszawy rodziny Kaftalów. Z pomocą przyszedł im miejscowy gryzipiórek, Iwanow (koniecznie Iwanow). Wyskrobał z dokumentów literę „l". A potem, by kamuflaż był idealny, przerobił „a" na „o". Rodzina Koftów wyciągnęła szczęśliwy los. Dała szansę Bogu. Łaskawemu dla niedowiarków.

To także jest niepewne. Pamiętam zaskoczenie, gdy rozeszła się wieść, że Jonasz wyruszył z pielgrzymką do Częstochowy. Ale to zdumienie wyciszała znana branży tajemnica – o raku, operacji, kiepskich rokowaniach na przyszłość. Oswajanie strachu, szukanie ścieżki nadziei? Raczej potrzeba kontaktu z tłumem. Bliskość tłumu, pył dróg, zrywający się śpiew to przecież znajdowanie formy. A Jonasz zawsze starał się znaleźć formę dla rzeczy i spraw. Mijanych, przemijających:

Gdy jesteś z wiatru
Jestem z dymu
A nie ma mnie
Gdy nie ma ognia.

Ilekroć myślę o nim – widzę go w ruchu, pośpiechu, krzątaninie. Nigdy samotnego. Ciągnął za sobą jak pawi ogon odnalezionych w estradowej trasie ćwierćpoetów, obiecujących alkoholików, uciekinierów z zasiedziałego bytowania. Stolarz-schizofrenik i uczennica z palcami poplamionymi długopisem, kamieniarz (kolega Himilsbacha) i elegantka – w niedalekiej przyszłości pani minister – to był jego dwór. Chętni słuchacze bajdurzeń. Trafiających później do radiowych dialogów ze Stefanem Friedmanem: „– Co to za gwiazdka nad nami? – To taki graficzny przerywnik, często stosowany w książkach". „– Co to za wór? – Zawór. – A dlaczego tak wysoko? – Bo to górnozaworowy". Dwór aprobował ryzykowne żarty: „Przyszedł Kofta do lekarza. – Panie doktorze, kapie mi z ZAiKS-u". Upowszechniał określenia dotyczące rządzących: „To są establiszmęty społeczne". Dwór współtworzył legendę poety z kabaretu. Twórcy chwytliwych szlagwortów: „Najpiękniejsze są miłości, których nie ma", „Anastazja Pietrowna, Anastazja – kto ty jesteś? Europa czy Azja?", „Blus-minus, średnio jest". Przebywanie z Jonaszem, obserwowanie gry jego fantazji nie było nużące. Zajęty narracją nie zmuszał do wierzenia w historyjki improwizowane, zasłyszane, przekręcone, zmodyfikowane. Kiedy liczył na to, że jego dramat *Wojna chłopska* stanie się teatralnym przebojem – opowiadał, że *Wojnę* ma w próbach Ingmar Bergman. Właśnie telefonował ze Sztokholmu, prosząc o dopisanie songu.

„A gdy się człowiek nudzi, to ciągnie go do ludzi" – wyznawał w kuplecie. Dlatego Hybrydy, Egida, opolskie festiwale, programy telewizyjne, radiowe pogaduchy. Właściwie tylko raz oglądałem Jonasza zdruzgotanego. Nie mógł pojąć, że nikt nie ma równie twardych serc jak przyjaciele. Wraca do mnie nieraz ta noc w Opolu. Czerwiec 81. Kabareton praktycznie już bez cenzury, bez targów o pointy. Jedyne, co mogły zrobić władze, to zakazać transmisji telewizyjnej. Dlatego szalona noc w amfiteatrze zachowała się tylko na amatorskim filmie. Kręconym ukrytą kamerą. Jonasz bardzo chciał wystąpić. Pomny swoich sukcesów, kredytu u publiczności. Ale reżyser widowiska i główny jego ideolog nie chciał o tym nawet słyszeć. Jonasz odrzucił dumę. Kilkakrotnie przechodził z widowni na zaplecze, by jeszcze raz powołać się na adresy, pod którymi mieszkała wspólna przygoda ich młodości. Były przyjaciel nie dał się przekonać. Jonasz wrócił do hotelu. Nie zaśpiewał w Opolu już nigdy. Choroba sprawiła, że w kilka lat później mógł jedynie naszeptywać do mikrofonu wiersze.

Wiersze pomogły mu, kiedy nie jeździł już na recitale. I żył w cieniu nieszczęścia. Układając piosenki o refrenach będących aluzją do sytuacji, w jakiej się znalazł: *Czekamy na wyrok, Nie, nie możesz teraz odejść.* Piosenki są towarem. Wiersze – prywatną wypowiedzią. Dlatego Jonasz przyszedł z próbkami poezji – liryki i satyry – do „Polityki". Wtedy, w latach osiemdziesiątych, to coś znaczyło. Czytelnicy (ci z urzędu) węszyli aluzje, kpinę z nowego ładu. Czytelnicy trwający wiernie przy tygodniku oczekiwali, że rubryka Kofty stanie się w niewesołych czasach zminiaturyzowanym kabaretem. Nie zawiedli się: jedynym opublikowanym na oficjalnych łamach satyrycznym utworem na temat Czarnobyla była fraszka:

Czasie mój groźny i bezsenny
Ślę ci swój uśmiech popromienny.

Amatorzy poetyckiej mgiełki mogli natomiast przeczytać o spacerze poety z politykiem:

To drażni i drażniło wielu
Pana też złości, jeśli pan nie wie –
Polityk zmierza do celu
Poeta podąża przed siebie.

Łowcy aluzji mrugali tak, jak dziś mrugają zachwalacze piwa bezalkoholowego:

Polak wewnętrznie się najeża
Świat chce pouczać albo zbesztać.
Co inni wiedzą o krzywych wieżach
Jeśli nie muszą w nich mieszkać.

„Pracuje pan dla «Polityki»" – odpytywała Jonasza dziennikarka „Życia Warszawy". „Działam w dobrej wierze – wyjaśnił. – Jeśli ja sam nie nudzę się pisząc, mam powody, żeby przypuszczać, że ktoś nie będzie się nudził czytając. Dlatego właśnie stosuję krótką formę".

Gdzie widziałem go po raz ostatni? Na ósmym piętrze Centralnego Szpitala Klinicznego AM, na Oddziale Intensywnej Opieki Medycznej. Od wypadku (3 lutego) nie odzyskał przytomności. Szklana szyba, szmer aparatury, wyostrzone, obce rysy zbielałej twarzy. Potem pogrzeb. 26 kwietnia. Jasny, mroźny dzień. Wojskowe Powązki. Tłumy tych, co przyszli pożegnać twórcę sięgającego po formy sprawdzone i zużyte – romans, balladę, kuplet, fabułę w historycznym przebraniu, by mówić o współczesności. Patrząc na żałobników – najpiękniejsze dziewczyny Warszawy i praskich meneli, siwowłosych generałów i artystów o sławnych nazwiskach, muzyków jazzowych i klezmerów z knajp trzeciej kategorii, nowobogackich i kohabitujących ze starą bidą inteligentów – trudno było oprzeć się zdumieniu, że wszystkich ich zdążył poznać czterdziestosześcioletni autor aforyzmu: „Jak nie umiemy być społeczeństwem, zostańmy przynajmniej mafią".

W tym hotelu zwanym...

(wykonywała Lidia Korsakówna)

Gęstnieje mrok, ciemnieje park,
Podkuwa noc snów konie,
A jesień jak Joanna d'Arc
Na stosie liści płonie.

Jesiennych liści gorzki dym –
Pogadać chce się.
Nie ma z kim.

W tym hotelu zwanym światem
Nie mieszkamy długo zbyt.
Trzeba pokój opuścić,
Oddać klucz, zamknąć drzwi.

W tym hotelu zwanym światem
Nowy gość ogląda świt.
Nie znasz jego i dziewczyny,
Co z nim śpi.

Jeszcze tylko rachunek. – Nie, nie – reszty nie trzeba.
– Szerokiej Drogi Mlecznej! – recepcjonisty żart.
Kiedy wiatr nas uniesie, gwiazd przysypie ulewa,
Popatrzymy z dystansu na ten cyrk. Życia wart.

Ja nawet tam kolegów mam,
Panienek też znam parę.
Gdy słyszę śmiech zza Nieba Bram,
Wiem: bawią się w kabaret!

Znajomy refren, płochy rym –
Pogadać chce się,
I jest z kim.

W tym hotelu zwanym światem
Nie mieszkamy długo zbyt.
Trzeba pokój opuścić,
Oddać klucz, zamknąć drzwi.
W tym hotelu zwanym światem
Jak w piosenkach z dawnych płyt
Wciąż rozstania, pożegnania,
W lustrze łzy.

Płać rachunek – sumienia... – Nie, nie – reszty nie trzeba.
– Szerokiej Drogi Mlecznej! – Życzę przyjemnych snów.
Kiedy wiatr mnie uniesie, gwiazd przysypie ulewa,
Spytam: – Gdzie tu kabaret?
No, koledzy – gram znów!

Wizyta Kuklińskiego. Dostał szablę z inskrypcją „Bij bolszewika”, zdrzemnął się na Wawelu. Wycieczkę do kraju K. przedstawiono jako akt niebywałej odwagi: za każdym załomkiem muru czekają killerzy. Szakale nie mogą dotąd darować Ryśkowi, że nie wziął ich na bok (po zebraniu partyjnym) i nie zaagitował proamerykańsko. Nowy Kościuszko chroniony był dziś staranniej niż wtedy sekrety Układu Warszawskiego. Nieznane godziny przylotów, tłumy policji – jawnych, tajnych i dwupłciowych. Kiedy ktoś klaskał – to jak w piosence: za BOR-em. Borowiki z uzi byli wszędzie.

Obywatel honorowy Krakowa Ryszard K. doczeka się powieści o sobie. Pióra Marii Nurowskiej. Tytuł tej prozy (niewątpliwie artystycznej): *Mój przyjaciel zdrajca.*

Przypomina się fraszka Artura Maryi Swinarskiego:

Piszących dam krępować nie powinna
Mądrość narodów ani żadna inna.

W „Niedzieli” Marek Jurek publikuje opracowanie: *Zakaz pornografii jako zagadnienie ustrojowe.* Jedna z tez Marka Jurka: „Legalność pornografii obraża naturę ludzką, podważając szacunek dla ludzkiej płciowości”.

Atrakcyjną mamy nowość,
Która się nazywa – płciowość.
Płci spokojna, płci wesoła,
Któż odróżnić ciebie zdoła?
Są dwie płcie. Ta, zwana brzydką,
Zawiązuje sobie nitką.
Piękna płeć (na przykład Czuba)
Grzesznych myśli nie nasuwa.
Lub Grześkowiak... Łkasz jak rynna:
Wiwat opcja prorodzinna!
W każdym kątku po dzieciątku.
Seks? Dla zboczków i kurwiątków.
Maj się maju, wietrze powiej,
By się każdy poczuł – płciowiej...

Inna teza Marka Jurka: „Nie jest możliwe zatrzymanie procesu dekadencji naszego kraju". Nigdy bym na to nie wpadł, że jesteśmy krajem dekadenckim. A może Marek Jurek żartuje? Jego specjalność – czarny humorek? Zachowuje się przecież tak, jak grymaśnik w historyjce. Proponują mu kawę. Mówi – Nie chcę! Herbatę – Nie chcę! Wino – Nie chcę! Piwo – Nie chcę! Kompot – Nie chcę! – No to czego ty właściwie chcesz? – pada pytanie. – Tego, czego chcę, też bym nie chciał – odpowiada grymaśnik.

Umiera Frank Sinatra. Jego powiedzonko: „Kto je spaghetti, nigdy nie jest samotny". Anegdotka o nim. Przy stacji metra dwaj rywalizujący ze sobą menago przechwalali się talentami w wyszukiwaniu i promowaniu idoli.

– Założę się o tysiąc baksów, że zrobię gwiazdę z pierwszego gnojka, jaki pojawi się na horyzoncie. Niech to będzie nawet makaroniarz, kurdupel i chuchro – zaperzył się jeden z impresariów.

– I wtedy z metra wyszedłem ja – pointował opowieść Sinatra.

Co słychać w Anglii? Przekonałem się naocznie – tam także pełno Nowych Ruskich. Kupują zamczyska w Szkocji i chatynki w Chelsea. Opowiadano mi o takim nowobogackim. Zrobił rundkę po Mayfair. I stwierdził, że tam dla niego za ubogo. Wtedy nastojaszczij drug zawiózł go pod Buckingham Palace.

– A na to byś reflektował?

– Mowy nie ma. Przyjadą chłopaki z Moskwy, zaczną strzelać z kałaszy w okna. Jeszcze nie zwariowałem, żeby wydawać majątek na szklarza!

Żałoba po forsie z Unii Europejskiej – forsa przepadła dzięki niezmordowanemu Ryszardowi Czarneckiemu. Integrującemu nas z Europą. Spory między koalicjantami. AWS chce być siłą przewodnią. Z UW na dochodzącą – do mycia okien na świat. Wszystko to razem...

Restauracja. Przy stoliku pod oknem siedzi nerwowy gość.

– Co za duchota! – mruczy. – Proszę włączyć klimatyzację.

– Zrobione – kłania się w pas kierownik sali.

Mijają kwadranse. Gość znowu marudzi:

– Na biegunie jest cieplej. Chcecie mnie przeziębić? Proszę natychmiast wyłączyć klimatyzację.

– Się robi – kłania się kierownik sali.

Zleciało pół godziny. Gość ryczy na całe gardło:

– A cóż to za temperatura! Proszę podkręcić klimatyzację. Powiedziałem: podkręcić!

– Oczywiście, już podkręcam – kierownik sali kłania się i potakuje. Staruszek przy stoliku przy drzwiach kiwa współczująco głową:

– Podziwiam pański spokój. Tamten facet zamęczy pana swoimi żądaniami. Włączyć klimatyzację, wyłączyć, podkręcić. A pan to znosi z anielską cierpliwością. Że też pan to wytrzymuje...

Kierownik sali wzrusza ramionami:

– Widzi pan – my wcale nie mamy klimatyzacji w tym lokalu!

I to by było tyle o wspólnym rządowym programie.

Lato: inwazja komarów i limeryków. Ukazały się (pośmiertnie) *Limeryki plugawe* Macieja Słomczyńskiego. Dwa przykłady wyobraźni limerykopisarskiej tłumacza Szekspira i Joyce'a:

Pewnemu panu ze Słomnik
Sterczał ów narząd jak pomnik.
Wreszcie rzekła żona,
Nieco przerażona:
„Wiesz co, Józiu, kup sobie odgromnik".

Pewna panienka z Toledo
Chciała przespać się z Klimkiem Bachledą.
Lecz, że śmierdział ów góral,
Uciekła za Ural,
Gdzie radziecki lud pachnie rezedą!

Kłopot dla radiomaryjnych: jak wyrwać zło z korzeniami, gdy tyle razy dowodzili, że to zło nie ma korzeni?

Film o Titanicu obejrzało w Polsce kilka milionów widzów. Czy nie pora, by ukazało się ogłoszenie: „Góra lodowa oczekuje propozycji”?...

Ciągle słyszymy zachwalania dzietności. Coś w tym jest. Dziecko pod ręką pozwala na wybrnięcie z sytuacji niezbyt komfortowych. Poucza o tym zdarzenie z biografii Groucho Marxa.

Floryda. Elegancki klub. Palmy, leżaki, baseny, kelnerzy roznoszący drinki. Groucho wciska dzwonek. Zjawia się cerber.

– Przepraszam – mówi najsławniejszy z Marxów. – Jest upał, mój synek chciałby wejść na chwilę i wykąpać się.

– Ten klub ma w regulaminie zastrzeżenie, że nie jest dla Żydów.

– Otóż to – zgodził się Groucho. – Frank jest w połowie Żydem. Mógłby więc wejść do wody tylko po kostki.

Prymas Glemp wezwał do narodowego pojednania. Poprzedzonego przebaczeniem. Przebaczenie winna zaś poprzedzić lustracja. „Ciągle jednak w pamięci społecznej pozostaje fakt, że nie znalazło się w Polsce dwudziestu jeden sprawiedliwych sędziów, którzy podjęliby się osądzenia doniosłych dla Polski twierdzeń” – powiedział hierarcha. Nawiązując do niemożności znalezienia sędziów – ochotników lustratorskich.

Rzeczywiście, przykra sprawa. Pocieszyć się można tym, że Sąd Ostateczny też obejdzie się bez kompletu sędziowskiego. Decyzje zapadać będą trzyosobowo. Ale wizja pojednania (według Glempa) rysuje się obiecująco. Łatwo przewidzieć rozmówki pojednanych:

– Wybacz mi, świni i kanalii, stary draniu.

– Wybaczam ci z serca, sprzedawczyku.

– A ja tobie też odpuszczam, ty szujo.

A potem... Wiadomo, co potem: Poloneza czas zacząć – podkomuszy rusza.

Sytuacja: kornikowi w starej serwantce wydaje się, że jest w raju.

Urząd pełnomocnika premiera do spraw rodziny – czyli urząd ministra Kapery – „wstrzymał wyciąganie państwowych pieniędzy przez różne organizacje feministyczne i lewicowe, które pod płaszczykiem pomocy rodzinie zajmowały się realizacją programów promujących głównie swobodę seksualną" – donosi „Niedziela". Kapera – nowy Kopernik! Tamten – wstrzymał Słońce. Kapera – wstrzymał forsę. Podobnie minister Wnuk-Nazarowa wstrzymała dotację dla „Wiadomości Kulturalnych" – tygodnika redagowanego przez Krzysztofa Teodora Toeplitza. Po co tygodnik kulturalny? Dawno temu Marian Załucki rymował:

> Kto jest winien wszystkiemu?
> Cham zapytał Gbura.
> Uzgodnili: – Kultura!

Sławomir Kmiecik, autor książki *Humor i polityka, czyli rzecz o polskim dowcipie politycznym,* cytuje żarcik o Marianie K.

– Dlaczego Marian Krzaklewski zaapelował do członków „S", by złożyli się na podatek dla Wałęsy z tytułu sprzedaży praw do filmu wytwórni Warner Brothers?

– Piękny Marian spodziewa się identycznej propozycji z Hollywood!

Z przysłów: kiedy ponurość puka do drzwi – humor ucieka oknem.

Jeszcze o pojednaniu. W pewnym zoo spełniło się proroctwo Izajasza: lew legł pospołu z jagnięciem.

– Jak pan tego dokonał? – pytają dyrektora zoologu.

– Codziennie mam świeże jagnię...

Mamy nowy podział administracyjny kraju. I więcej protestów niż województw...

Kto to powiedział? Umysł tak jak spadochron – jeśli ma ratować, musi być otwarty.

Życzenia. Kiedy Irak wojował z Iranem, zapytano rabina z dzielnicy ortodoksów w Jerozolimie, której ze stron życzy sukcesów. Rabin jak to rabin. Trochę pomilczał. Potem odparł:

– Życzę sukcesów obu stronom...

Ma się ochotę to powtórzyć, obserwując mecz towarzyski: minister Dębski – prezes PZPN Dziurowicz; podjazdówkę Walendziak – Tomaszewski; ruchy frakcyjne wewnątrz AWS – powstanie bloku Ojczyzna... Jest to Ojczyzna przez małe „oj".

Ojciec Paleczny ze swoimi podopiecznymi okupuje Dworzec Centralny w Warszawie. Kiedy spełnią się słowa pieśni: „Tysiąc palecznych opuszcza Warszawę"?

Żwirowisko w Oświęcimiu – ze Świtoniem. Analfabeci podpisują się krzyżykami.

Zgon poety Herberta. Opłakał go Niemen wyrobem własnego talentu:

...kręgi fal zachybotały
czółnem JEGO losu
– że musiał to znieść

Niejedno przychodzi znieść po śmierci. Duże litery to powtórka z Norwida. A „czółno losu"... Pewnie Niemen wybrał się do kina na Titanica.

Obchody bitwy warszawskiej. Inscenizacja szarży ułanów pod Ossowem. Premier Buzek popisał się skokiem – do ludzi. Przebrany za Piłsudskiego aktor Zakrzeński ściskał dłoń wicepremiera Tomaszewskiego. Tak AWS rozpoczęła kampanię wyborczą do samorządów.

Warto pomyśleć o propagandowym zagospodarowaniu bitew i potyczek, których tyle w naszych dziejach. Racławice dostanie „Solidarność Rolnicza". Lenino – SLD; Miller poprowadzi tyralierę. Bój nad Gopłem, zwycięstwo szaraczków nad Popielem – Ojczyzna mecenasa Olszewskiego. Lipsk – AWS z Krzaklewskim. Jako Xięciem Pepim.

Tak sobie marzę: marzyciel, kiedy chce się powiesić, otwiera scyzoryk.

Skandal z prezydentem. Tym razem amerykańskim. Temat w sam raz na dziadowską balladę.

Jak tu opisać cały incydent,
Jak nazwać go? – Clintuś–bajduś...
Wciąż się tłumaczyć musi prezydent,
Lecz śmiech szyderczy z tych jaj – duś.

Swojego losu z każdego kowal,
Jeśli jest iskra. I kuźnia.
Gdy gabinetu znudził go owal,
Prezydent krawat rozluźnia.

Chłop myślał: po to jest asystentka,
By mieć w robocie przyjemnie.
Czwóreczka w biuście, w ruchach też prędka –
Więc podprasuje, co zemnie.

Stoi prezydent, stoi i pała
Jak dzięcielina u Wieszcza.
(Tylko Hillary nic nie wiedziała,
Że on tę Monę dopieszcza).

Ta asystentka to cwana gapa.
Choć czule w oczy mu luknie,
Kiedy jej kochaś powiedział: Pa! Pa!
Chowa urazę. I suknię.

– Działałam – szlocha – lepiej niż viagra,
Aktywny przy mnie był, rączy...
Te jej wyznania kumpelka nagra.
Wnet prokurator się włączy.

Śledztwo prowadzi. Ostry jak pitbul.
– Mów: to był hol czy gabinet? –
Pyta nie bacząc na panny wstyd... ból...
– Ile to trwało? Pięć minet?

Ryje w papierach jak Marek Jurek,
Fedruje pilniej niż sztygar.
– Seks? Tylko z żoną. Przedtem paciórek.
I nie używać masz cygar!

Próżno kociołap kluczy i kręci.
Włosy i głosy mu rzedną.
Dziś najbiedniejsi są prezydenci –
Państwo i żona to jedno...

Co dalej? Z USA sens newsa złów, że
Mówią New York czy Montana:
Jest Mona Lisa atrakcją w Luwrze,
A w Stanach – Mona Lizana.

Incydent z ojcem Rydzykiem w Tormięsie. Posłanka Sobecka wyjaśniła, że ojciec Rydzyk jedynie „zasłaniał się ręką przed kamerą". Do prokuratora wpłynął wniosek, by ukarać oszczerców. Kamerzyści bydgoskiej TV – jak wdowa u Gogola – pobili się sami.

Jesień już. Minęło lato.
Szczęść Boże Buzkowi za to!

Bachleda-Curuś nie ustaje w zabiegach, by olimpiada zimowa odbyła się w Zakopanem. Nasz parade-gazda – który kazał wystrugać siebie z klocka jako figurynkę w szopce ofiarowanej papieżowi – zamierza chyba zbudować nowe Tatry. I rozsypać naftalinę z góralskich kożuchów jako śnieg... Władze popierają te pomysły. Prawidłowość: każda ekipa musi mieć swoją Hutę Katowice.

Msze odprawiane na żwirowisku. Zakazy kościelne nie pomagają: skini, były ubek i Świtoń organizują życie religijne. Podobno skutkiem tej intensywności życia religijnego prymasem Glempem trzęsie ostatnio le-febra.

Wicepremier Tomaszewski przywrócił do łask zawód hycla. Protestują działacze Towarzystwa Opieki nad Zwierzętami, fundacja Animals, niedobitki inteligenckie. No i co z tego? Pies ich trącał, kot ich drapał! Akcja odławiania bezdomnej zwierzyny mieć będzie ogromną wartość wychowawczą. Kiedy z kota w butach nawet buty nie zostaną i pies Pluto zniknie w worze na zawsze – dzieci pojmą, że życie to nie bajka. A Czerwony Kapturek winien mieć przy sobie nie koszyczek dla babuni, lecz kij baseballowy na babunię.

Przecieki z Rosji, gdzie znowu niespokojnie. Czastuszka:

Jedzie dealer w mercedesie,
A biznesmen w fordzie.
Jak dogonię ich tramwajem,
To im dam po mordzie.

Pytanie do radia:

– Czy prawdziwe są pogłoski, że w Sankt Petersburgu nie ma ani jednego Żyda?

– Nonsens. Została Aurora Krążownik.

Kampania wyborcza: premier B. reklamuje osiągnięcia rządu w filmowych migawkach. Potem rezygnuje z ich emisji: ginęły w szumie informacyjnym, zgiełku partyjnych rozgrywek.

Z Archiwum X chociażby
Jasne jest jak słońce:
Są tacy, którzy wierzą
W Spodki Latające.
Za to prof. Buzek
(Premier z sercem złotym)
Od niedawna uwierzył
W Latające Spoty.

Walendziak mu doradził –
Sens reform w nie wplątasz.
Po to jest telewizja,
Widz i po to montaż.
Sukces reform to Państwo
Sprawne – brzmią wytyczne.
Na Spocie – dłoń, co dzierży
Pióro. Polityczne.

Dawniej – pot i łzy Churchill
Przyrzekł swym rodakom.
Spot i łzy (szczęścia) Buzka –
Na to się połakom.
Bo w Sprawnym Państwie każdy
Bywa doceniony.
Nawet panny Agaty
Były narzeczony.

Właśnie: narzeczony Buzkówny w stanie spoczynku – Rafał H. – został asystentem premiera. Przed ukończeniem studiów. Asystent ma pomagać premierowi „w porządkowaniu kalendarza" i okazywać „pomoc w połączeniach telefonicznych". Prawdopodobnie ulubionym malarzem premiera jest Chagall. Na obrazach Chagalla często pojawiają się narzeczeni. A że polatują w powietrzu? Zdążyli wylecieć...

Jedna wątpliwość: czy dla kolejnych narzeczonych premierówny również znajdą się posadki? Gmach w Alejach jest obszerny, biurko zawsze można dostawić. Instytucja narzeczeństwa nieźle komponuje się z instytucją rządową. Jak mawiał przedwojenny swat:

– Dawniej, jak panna miała posag, to chłopak się z nią żenił. Teraz chłopak chce, żeby żenił się ktoś inny, a on dostawał posag!

Idea wojewody warszawskiego: postawić na placu Saskim atrapę Pałacu. I urządzić w atrapie wystawę „1000 lat martyrologii Na-

WYBORY
czeczot

rodu Polskiego". Dzięki tej budowli na rurkach i picu na drążku powstanie sytuacja znana z sentencji mędrca:
– Bywa tak, że jednooki chciałby zamknąć oczy.

Wybory. Nie ma plakatu, by nie uśmiechał się dorodny i syty obywatel III RP. Nie ma wystąpienia, by mówca nie wspomniał o najmłodszych. To dla ich dobra gotów wziąć na barki brzemię samorządowej władzy...
Nie błądźmy dziećmi?
Wybory, wyniki wyborów...

– Patrz – mówi typek do typka pokazując blankiet telegramu. – Rabinowicz umarł.
– To co, że umarł? Najważniejsze, żeby był zdrów.

Wiadomość z „Naszego Dziennika": „Liczba księży przekroczyła ponad dwukrotnie liczbę duchowieństwa katolickiego Polski przedwojennej".
Sytuacja się... wyklerowała. Przyjedzie papież.

Zasada obowiązująca w szoł biz: jeśli spotkasz kogoś, kto się nie uśmiecha – sprzedaj mu swój uśmiech.

Anegdotka opowiedziana Zygmuntowi Mycielskiemu przez wujaszka Szembeka:
Piłsudski jedzie na Maderę. Prezydent Portugalii tłumaczy mu, że na tej wyspie była kiedyś kolonia karna.
– Szczęśliwy kraj, gdzie Sybir był na Maderze – przerywa gość.

Bajeczka. Wróbelek ćwierka:
– Ja jestem orłem!
– To dlaczego jesteś taki malutki? – pyta sikorka.
– Bo... bo ja konspirowałem. I nie mogłem rzucać się w oczy.
Emerytowany sędzia Bogusław Nizieński zostaje (w ostatniej chwili) wyznaczony przez Strzembosza na rzecznika interesu pu-

blicznego. W wywiadach opowiada, jakim był od zawsze antykomuchem. I równocześnie żali się, że władze pomijały go przy awansach.

Świetny będzie ten interes publiczny. Absolutnie do zrobienia.

11 listopada. Druga, po bitwie warszawskiej, teatralizacja przeszłości. Na Centralnym zatrzymuje się pociąg. Wysiada z niego aktor Zakrzeński. Jako Piłsudski. Wita go aktor Rayzacher w cylindrze: jest xięciem Zdzisławem Lubomirskim. Szept w tłumie:

– O jejku! Ja znałem tego Piłsudskiego, gdy jeszcze był sekretarzem POP w Teatrze Polskim!

Politycy przypominają artystów. Jest tak, jak w historyjce o Menuhinie. Zapytano go, co sądzi o Koganie.

– Kogan... Kogan... Ach, prawda – to trzeci skrzypek na świecie.

– A kto jest pierwszym?

– Ja.

– A drugim?

– Drugich jest wielu.

Czterdziesta piąta rocznica śmierci K.I. Gałczyńskiego. Jak by wyglądała dzisiaj Chryzostoma Bulwiecia podróż do Ciemnogrodu?

Pochód

Pochód się zbliża –
Tłum bab i dziadyg.
Z przodu jegomość
Ważny jak cadyk.

W czarnej sukience,
Co prosto z igły.
– To Wódz Naczelny,
Rydzyk... Też śmigły?

Pieśń jak chorągiew
Już się rozwija:
„Ave Partyja
Radia Maryja!”.

Decyzja

– Wracam – rzekł Bulwieć.
– Dość tych eskapad.

Ciemnogród z wiersza
W nicość się zapadł.

Nie przetrwał czasów
Zmian, przebudowy,
Bo był stanowczo
Zbyt postępowy...

Po zawetowaniu przez prezydenta partackiej i tendencyjnej ustawy o Instytucie Pamięci Narodowej – Janusz Pałubicki oświadcza, że Kwaśniewski jest prezydentem wszystkich ubeków.

Chyba warto wprowadzić poprawkę: minister Pałubicki, koordynus pracy służb specjalnych.

Kwaśniewski podpadł także Krzaklewskiemu. Pan przewodniczący nie ukrywał oburzenia, że w Pałacu Prezydenckim odbył się przedpremierowy pokaz *Ogniem i mieczem.*

– Dlaczego tak to zirytowało Maryjana?

– Przecież może zdarzyć się, że panowie spotkają się i wtedy Kwaśniewski opowie Krzaklewskiemu zakończenie filmu!

Rok 1998 był Rokiem Mickiewiczowskim. Ale nie tylko: „Tygodnik Solidarność” przyznał premierowi Buzkowi tytuł Człowieka Roku. I rok udany, i premier...

Mickiewicz wołał: – Daj mi rząd dusz!

Buzek nie wołał, lecz mimo to usłyszał w słuchawce:

– Masz rząd, chłopie!

Mickiewicz miał głośną charyzmę.

Buzek ma charyzmę cichą jak myszka.

Mickiewicz miał sekretarza. Z Levych.

Buzek ma sekretarzy. Z prawych.

Mickiewicz w Wilnie konspirował nieudolnie.

Buzek na Śląsku konspirował udolnie. O tym, że Karol to on, nie wiedziała nawet *Ciotka Karola*. Ta z farsy.

Mickiewicz zadawał się z Ruskimi. Z jednym takim (Puszkin mu było) dzielił się płaszczem.

Buzek z Ruskimi się nie zadaje. Po co mają gadać, że coś tam było pod płaszczykiem?

Mickiewicz jeździł na Krym. Ze względu na sonety.

Buzek woli Rzym. Ze względu na konkordat.

Mickiewicz wierzył w talenty militarne Sadyka Paszy.

Buzek wierzy w talenty Szeremietiewa, który wygrał niejedną partię ołowianymi żołnierzykami, grając z Moczulskim.

Mickiewicz doczekał się Legionu Żydowskiego. W Konstantynopolu.

Buzek doczekał się Legionu Antyżydowskiego. Na żwirowisku.

Mickiewicz improwizował.

Buzek nie musi improwizować. Ma pomoce kancelaryjne: suszkę, Walendziaka, pampersów, bibularz, narzeczonego panny Agatki.

Mickiewicz chwalił socjalizm.

Buzek wie, że sojalizm to nuda. Gliwice, pastor zamiast biskupa z pastorałem.

Mickiewicz 20 kwietnia 1824 roku podpisał lojalkę: „Ja, niżej podpisany, daję ten rewers na to, że nie tylko sam nie będę należeć do żadnego towarzystwa bez dozwolenia Rządu ustanowionego, lecz donosić będę...".

Buzek 18 grudnia 1998 roku ucieszył się z ustawy o Instytucie Pamięci i dostępie do teczek-ubeczek.

Mickiewicz (katolik) zachował się fatalnie w Watykanie: molestował papieża, tarmosząc go za rękę.

Buzek (ewangelik) wie, że ręka autorytetu służy do całowania.

Mickiewicz nie był profesorem. Jego dorobek naukowy ogranicza się do wykładów paryskich.

Buzek jest profesorem. Jego dorobek naukowy nie ogranicza się do Maryjana Krzaklewskiego.

Mickiewicz nie zaznał szczęścia w małżeństwie.

Buzek zaznaje. Od lat.

Mickiewicz zachwycił sią redutą Ordona.

Buzek zachwycił się redutą Orgona: w Ministerstwie Edukacji Narodowej świętoszków więcej niż u Moliera.

Mickiewicz miał nie najlepsze stosunki z pisarzami.

Buzka – Gustaw Herling-Grudziński namawia, by kandydował na prezydenta: ma szanse. Przynajmniej takie jak Herling na Nobla.

Mickiewiczem trzęsła cholera.

Buzkiem nic nie trzęsie. Jedynie zawistnicy powiadają, że jest jak szary garniturek. Na jeden rząd.

Ciąg dalszy nastąpi...